JN250953

ビジネスに効く

顔は口ほどに
モノを言う!

表情のつくり方

認定FACSコーダー 清水建二

イースト・プレス

はじめに

営業を一生懸命頑張っているのに、やる気がないと思われてしまう……
クレームに笑顔で対応したら、お客さんに怒られてしまった……
部下に人一倍気を遣っているはずが、想いが伝わらない……
緊張しているだけなのに、ウソをついていると誤解されやすい……
何気ないジェスチャーをしたら、外国人に怪訝な顔をされてしまった……
本心で言っているのに、「気持ちが込もってない！」と言われてしまう……

本書は、こうした自分の想いや感情が誤解されてしまう方々の悩みにお答えする本です。誤解を受けてしまう理由を一言で言ってしまえば、「ノンバーバル・シグナル（表情やしぐさ、声色などの言葉以外のコミュニケーション・シグナル）」が相手に正しく届いていないからです。とはいえ、言葉に比べノンバーバル・シグナルは正しい使い方を学ぶ機会はそうそうなく、使い方に意識が向くこともなく、さらに相手によって受け取られ方に幅があったりと、元々誤解されやすさをはらんでいます。そこで本書では、ノンバーバル・シグナルの機能とコミュニケーションのプロセスを明確にし、何が正しく伝わらない原因なのかを掘り下げ、同時に自分の想いと感情を正しく伝えられるようになるにはどうすればよいかということを科学的知見と経験則から解説していきます。

「読む」と「伝える」は表裏一体

ところで、「伝える」系の書籍が書店のコミュニケーションコーナーにあふれる中、なぜ私が本書を書いたのかと言いますと、既存の書籍や方法論に決定的に欠けている点があると思うからです。

その決定的な点を述べる前に簡単に私の自己紹介をさせてください。私の専門は表情分析です。ファクス（FACS：Facial Action Coding System）という顔の動きを客観的にコード化する体系手法を用いて表情を分析し、ヒトの感情の流れや意思決定のプロセスを解き明かすことを仕事にしています。この科学的知見を使って、お客さんや交渉相手の微妙な感情の読み取り方、面接での応募者の心理の推定、会見や犯罪捜査におけるウソ検知、感情認識ＡＩの利用可能性の模索……などを様々な企業や公的機関で教授したり、コンサルティング・研究活動をしたりしています。要は、表情（正確には身体動作も含む）を読み取ることが仕事なのです。

そんな「読む」専門家が、なぜ「伝える」書籍を書くのかというと、それは「読む」ことと「伝える」こととが表裏一体だからなのです。たとえば、表情を読む手法を習得する過程において、表情筋の動きを一つひとつ正確に動かすトレーニングをします。その効果の一つは、自分の身体を使うことで、相手が同じ動作をしたときにどんな気持ちになるかわかるようになることです。自分で伝える動作をすることで、相手が伝えようとしていることやその背景を理解しやすくなるのです。また相手の感情を読めたとしても、それに対する反応の仕方、伝え方を知らなければ、コミュニケーションは成立しません。そこで「読む」を学ぶ人間は、「伝える」も同時に学ぶ必要があるのです。そこで「読む」手法と「伝える」手法を科学的に習得した私が、「伝える」ことに焦点を当てて書き上げたものが本書なのです。

その経験則、どこまで本当？

そんな私が思う、既存の書籍や方法論に決定的に欠けている点は、「経験と科学とのハイブリッド」という視点です。営業担当、キャビンアテンダント、アナウンサー、接客スタッフ、マネージャーの方々が数十年の勤務経験を経るうちに、それぞれの方々は個々の職業状況に即した正しい伝え方を身に着けることができるでしょう。経験則として身体が覚えるのです。しかし、その伝え方の根底に流れるメカニズムが不明瞭なため、自分の上手くいく伝え方を同僚や部下に明確に説明することは困難です。それでもご自身の伝える技術を理論化し、伝え方の講師等になられる方もいますが、科学的視点から見ると、その伝え方は本当に根拠のあるもので、様々な職業状況に適応可能なものなのかという疑問が生じます。たとえば、ある講師の方は常に笑顔でゆっくりと話すべきだと教えます。しかし、他者に理知的な印象を与えるには真剣な顔でスピーディーに話すと望ましいことが科学的な知見としてわかっています。またある就職面接における応募者の表情として、笑顔が推奨されていますが、真顔が内定確率を上げることもあるのです。あるいは「笑顔の接客が上手くトラブルを収めた」という状況をよく調査すると、実は笑顔ではなく、単にその店舗スタッフの人柄ゆえにお客さんの怒りが収まっただけだったことが判明した事例もあります。

私は時々、伝え方を経験則として体得された方や講師の方に「その伝え方はどんなときに適切で、どんなときに適切ではなくなりますか？」と尋ねることがあります。最終的な答えとして「雰囲気ですね」と返ってくることもあります。ある状況で実動させることはできても、そのメカニズムを説明するための知見が不足しているのです。使い方はわかるけど、説明できない。こうした状況が経験則から生み出された方法論には程度の差はあれ存在しています。

その科学、地に足ついてる？

一方で、コミュニケーションやノンバーバル・シグナルの科学の世界から見出されてきた知見は、伝え方・伝わり方のメカニズムを説明することができます。どんな状況のときにどんなノンバーバル・シグナルを使えば、何が伝わるかを明確に説明することができます。どことどの表情筋を動かせば、どんな感情を伝え、どんな印象を与え、他者をどんな行動に導けるのかを説明することができるのです。つまり、「普遍性が薄い」「上手く説明できない」という経験則で培われた伝え方の弱点が科学的知見にはないのです。

しかし、逆もまたしかりです。科学的知見には経験則にはない弱点があります。科学の弱点は言ってしまえば、「それ、本当に自分でできる?」という言葉に集約されます。科学者はメカニズムを解き明かすことが仕事であるため、実際にできるかどうか、自分ができるかどうかまでは、リアリティーの視点が及びません。たとえば、「悲しみ感情は援助行動を求めるシグナル」というメカニズムを説明している心理学者が目の前に悲しんでいる人がいることに気づけなかったり、助け方がわからなかったりします。「身振り・手振りが伝達力を高める」というメカニズムを身振り・手振りをせずに説明する研究者もいます。一方「今・ここ」で生きている職業人は、目の前に困っている顧客がいれば、その解決法が多少粗くても、考える時間は最小限にして即座に身体を動かし、その顧客の問題を解決しようとします。その解決法が適切だったかどうかはわからないことがあっても、動いた分だけ解決までのタイムスパンを短くでき、その蓄積から行動を血肉化していくことができるのです。

科学が経験則を見える化、経験則が科学に命を吹き込む

経験と科学の弱点を補い、互いの強みを活かしたら、最高の伝え方を生み出せるのではないか。そんな想いで本書を書きました。本書は、自分の想いや感情を正しく伝えるために、科学的に明かされている効果的なノンバーバル・シグナルの使い方と伝わるメカニズムの俎上に、リアルな実務体験を乗せ、科学が現実世界でどう活かせるか・どう活かしているかを解説しています。科学が経験則を見える化し、ときに経験則に修正をせまることもあるでしょう。逆に経験則が科学理論を、地に足の着いた理論と単なる机上の空論とに分けることもあるでしょう。「互いの知見を足し合わせれば得られることはなんだろう?」と身体と思考を動かしながら、本書を楽しんでいただければ筆者として本望です。

ビジネスに効く　表情のつくり方

Contents

Chapter 3 「ノンバーバル・スキル」をビジネスの場へ！

chapter1

感情を伝えられる人、
伝えられない人

①「ノンバーバル・スキル」の向上があなたを変える！

「ノンバーバル・コミュニケーション」という言葉を聞いたことがあるでしょうか。これは、言葉そのまま「バーバル（口頭）」以外のすべてのコミュニケーションを指します。簡単に言うと、「表情」、「しぐさ」、「声色」、「態度」などの視覚的、聴覚的なコミュニケーションのことです。

「ノンバーバル・コミュニケーション」の研究の起源は、かのチャールズ・ダーウィンの着想にさかのぼります。ダーウィンは、ヒトと動物の表情の共通性を見出し、表情の万国共通性を提唱しました。ダーウィン以後、アダム・ケンドン、バードウィステル、パターソン、メラビアン、モリス、エクマン、マツモトといった多くの研究者によって表情を含め、様々な「ノンバーバル・シグナル」の知見が積み上げられていきました。本書での解説もそうした研究結果による知見に大いによります。

本節では、自分の感情や想いをノンバーバルで適切に表現できることが自分にとってもどんなに素晴らしいのか、その「なぜ・どのように」を紹介したいと思います。

コミュニケーションの基本プロセス

最初に自分の感情や想いが相手にどのように伝わるかについてそのプロセスを確認したいと思います。

突然ですが、他者に「困った」とでも言いたげな悲しい表情を向けるとどうなるでしょうか。お互いの関係性にもよりますが、もしかしたら、その表情を向けられた相手は助けてくれるかもしれません。逆に、悲しい表情をしている人を見ると、私たちは、「どうしましたか？」「大丈夫ですか？」と言って、何だか自然と手を差し伸べたくなります。このコミュニケーションにはどんなプロセスが流れているのでしょうか？

このような普段、私たちが自然と行っているコミュニケーションの内部には「シグナル伝達」「感情誘発」「行動誘発」という三つのステップがあることが知られています。それぞれ見ていきましょう。

■シグナル伝達

シグナル伝達とは、自分の感情を相手に明確に伝えようとすることです。たとえば、眉の内側だけを引き上げ、ハの字眉を作ることによって「私は悲しいです」というシグナルを相手に伝えます。口角を引き上げることによっては「私は楽しいです」というシグナルを伝えます。眉を中央に引き寄せ眉間にしわを寄せることによって「私は考えています」あるいは「私は怒っています」というシグナルを相手に伝えます。

私たちは「この動きをすれば、相手に自分の感情が伝わるはずである」という仮定のもと、このシグナル伝達を行っています。この仮定が上手くいくのは、表情や身体動作が万国共通であったり、コミュニケーションをする双方間で暗黙の了解事項——たとえば、動きそのものに独自の意味があるジェスチャーや「いつ笑顔をするべきか」といった表情や動きのタイミングなど——があらかじめ定められているからです。

■感情誘発

感情誘発とは、感情を伝えた相手の心に感情が呼び起こされることです。たとえば、悲しい表情を向けられた相手は、同じように悲しい気持ちになります。笑顔を向けられた相手は、これまた同じような嬉しい気持ちになります。一方、怒りの表情を向けられた相手は、同じように怒りを覚えるか、怖くなります。ある感情がどんな感情を呼び起こすかについては状況やお互いの関係性によって変わってきます（詳しくは次章以降に譲ります）。

■行動誘発

行動誘発とは、呼び起こされた感情に添った行動が引き起こされることです。たとえば、他人の悲しみの表情から悲しみの気持ちを共感したならば、その人を助けてあげたくなります。嬉しくなれば、その感情を呼び起こしてくれた人と一緒にいたくなります。怒りの気持ちが起これば、その気持ちを引き起こした原因を攻撃したくなります。恐れの気持ちを抱けば、逃げたくなります。

この「シグナル伝達」「感情誘発」「行動誘発」という三つのステップが赤ちゃんにも通じることを示す有名な視覚的断崖実験というものがあります。まだハイハイしかできない赤ちゃんをある高床式の台の端に乗せます。もう一方の端にはその赤ちゃんのお母さんがいます。お母さんが赤ちゃんを手招きすると、赤ちゃんはその台の上をハイハイしながらお母さんの方に近づきます。

赤ちゃんが1メートルほど進むと断崖が現れます。断崖といっても本当の断崖ではなく、ガ

ラス張りになっているのでそのまま進んでも赤ちゃんは決して転げ落ちないようになっています。「断崖」を前にして赤ちゃんは進むのを躊躇します。このときお母さんが笑顔で手招きしていると、赤ちゃんはハイハイを再開してお母さんの方へ近づいていくのです。

このお母さんの笑顔は「こっちに来ても安全よ」というシグナル伝達です。「この断崖は安全なんだ」という感情誘発が起き、「このまま進もう」という行動誘発が起きたのです。興味深いのは、お母さんがシグナル伝達を変えると赤ちゃんの行動も変わるということです。「断崖」を前にした赤ちゃんに悲しみや怒り、恐怖の表情を見せると、赤ちゃんは「断崖」の前で進むのを止めるのです。

このように私たちが感情や想いを相手に伝え、それが相手に届き、相手と問題なく、あるいは有効なコミュニケーションが取れたとき、「シグナル伝達」「感情誘発」「行動誘発」という三つのステップが辿られているのです。逆に言えば、自分の感情や想いが相手に伝わらない場合、このどれかのステップの内部で問題が生じてしまっているのです。

「シグナル伝達」に問題が生じる場合は、自分の表現力不足が原因です。「感情誘発」に問題が生じる場合は、相手に協力してもらえないことが原因です。「行動誘発」に問題が生じる場合は、「シグナル伝達」「感情誘発」それぞれに問題が生じたことが原因か、単純に相手が何らかの行動をすべきだと思っていたとしても実際の行動に移さなかった、移せなかったことが原因です。

本書では、「シグナル伝達」と「感情誘発」、特にコミュニケーションのスタートポイントとなる「シグナル伝達」のスキルを向上させることにフォーカスしていきます。

マネは本物を得る事始め

相手に「感情誘発」や「行動誘発」が起きるには自らの「シグナル伝達」がわかりやすく表現され、相手に伝わる必要があります。つまり、楽しいと思っているのならば、ニッコリと笑えばよいですし、悲しいと思えば、泣けばよいということになります。

シグナル伝達ができなければ、その先のステップは続きません。しかし、誰しも感情表現が豊かなわけではありません。生育環境なり、仕事のストレスなどで感情を適切なタイミングで表現できないということや、表情筋を動かさな過ぎて、表情筋の動きが乏しくなってしまっていることもあると思います。それではどうしたらよいのでしょうか?

■表情フィードバック仮説

朗報があります。そんなときは表現したい表情のマネをしてみることをオススメします。「楽しいから笑う」これが普通だと思います。しかし「笑うから楽しくなる」、そんなメカニズムも私たちの身体には宿っているのです。

ある感情に関わる表情の動きをマネすると、その感情が湧き起こり、その感情に特徴的な生理的反応が生じることが知られています。これを「表情フィードバック仮説」と呼びます。いくつか実験をご紹介しましょう。

実験参加者に漫画を読んでもらい、その漫画の評価をしてもらいます。漫画を読んでもらっているとき、歯でペンをくわえて読んでもらった人は、唇にペンを挟んで読んでもらった人に比べて、漫画をより面白いと評価する傾向にありました。歯でペンをくわえると口角が引き上げられ、自然に笑っている表情になるのです。一方、唇にペンを挟んでも笑顔にはなりません。つまり、真顔で漫画を読むよりも、笑顔で読んだ方が楽しさが増す、ということなのです。

他にも、uの音が多く含まれた物語を朗読した人は、uの音が含まれない物語を朗読した人に比べ、悪い気分になるという結果が見出されています。「u（ユウ、ウー）」と発音してみてください。口がすぼめられます。これはネガティブな表情をするときに動く表情筋の一つなのです。まだまだあります。e（イー）の音を繰り返し発音する人は、u（ウー）の音を繰り返し発音する人に比べ、楽しいと感じる傾向にあることが知られています。お察しの通り、e（イー）と発音すると笑顔になるのです。

感情以外でもこの表情フィードバックが生じることが知られています。実験参加者に電気ショックを与えます。もちろん痛いです。しかし、電気ショックを受けても痛みを感じていないフリをした人の方が、そのまま痛がった人に比べ、痛みを感じにくく、痛みに特徴的な生理反応が小さかったことが報告されています。

次のようなユニークな治療法にも表情フィードバックは活かされています。うつ病を患っている方の顔にボトックスを注射します。ボトックスを顔に注射するという方法は、ボツリヌス菌A型毒素を製剤化したものを顔に注射し、顔のしわを取り、見た目の印象を若くするための美容整形の施術の一つです。それをなぜうつ病患者の顔に打つのでしょうか？

うつ病を患っている方は、怒りや悲しみの表情を頻繁に浮かべます。「怒りや悲しみ表情ができないようになれば、そうした感情が生じないのではないか？」という仮説のもと、うつ病患者の怒りと悲しみ表情を形成する表情筋にボトックスを注射する実験がなされたのです。結果はいかに？　なんと本当にボトックスを注射されたうつ病患者の症状は改善されたのです。この治療法には、まだ問題が残されてはいるものの、際立った副作用などの心配がなく、治療費も低コストであるため、近年アメリカで注目を集めつつあるのです。

表情以外にも同じような実験は枚挙に暇がありません。胸を張る、腰に手を添える、このようなスタンスを広く取り体を大きく見せる姿勢をいわゆるリーダー姿勢と言いますが、これを2分間行うことで、ストレスホルモンであるコルチゾールが下がり、やる気に関わるホルモンのテストステロンが上がることがわかっています。逆に肩を落とし、うつむき、スタンスを小さくする姿勢をフォロワー姿勢と呼びますが、このフォロワー姿勢を取ると、コルチゾールのレベルが上がり、ストレス耐性に弱くなり、テストステロンレベルが下がることがわかっています。

単なるうなずきにもフィードバック効果が認められています。うなずきとは、首を縦に動かす動きです。うなずきながら話を聞く人は、首を動かさないで話を聞く人に比べて、聞いている話に肯定的になる傾向があることが知られています。

私たちの身体の不思議に驚かされます。表情・体のフィードバック機能が働いてくれることによって、私たちは伝えたい感情や想いを自分の中に呼び起こすことができるのです。ゼロから感情を生み出すこともできれば、自分の中にある小さな感情の芽生えを増幅することもできます。表情筋は感情の呼び水になるのです。

相手は鏡――あなたが笑えば、相手も笑う

表情や体の動きで適切にシグナル伝達をすると、伝達された相手の中には何らかの感情が引き起こされます。感情誘発が起きるのです。この感情誘発が起きる背後で、どんなことが起きているのでしょうか。感情伝染という現象がキーワードです。

感情伝染とは、感情が人から人へと広がる現象のことです。感情伝染は、「感情模倣・同

調」と「表情・声・身体フィードバック」という二つのステップを経ながら、私たちが意識しないうちに自動的に起きると考えられています。

■「感情模倣・同調」のステップ

「感情模倣・同調」とは他者の感情のマネをする、同期するということです。表情を例にするならば、他者の表情と同じ表情をする、他者の表情に合うような表情をすることを指します。

何らかのプロジェクトで成功した同僚の笑顔を見て、自然と笑みがこぼれる。理不尽な出来事を憤慨しながら話している同僚を見ていて、同じように怒りがこみ上げてくる。退屈な会議で誰かのあくびを見て、自分もあくびをしてしまう。これらが他者の表情と同じ表情をする例です。

他者の表情に合うような表情をするというのは少しわかりにくいかもしれません。たとえば、カンカンに怒った表情でクレームを言いに来たお客さんを見ていて、恐怖で顔が引きつってしまう。乱気流で凄く揺れる飛行機内で恐怖の表情をしている人に笑顔を向ける。悲しみで涙を流している人に笑顔でそっと手を差し伸べる。こうした例があります。感情の受け皿、ある表情に対する適切な表情の返し方といったようなものです。

特に表情の模倣に関しては、幸福表情、悲しみ表情、怒り表情、嫌悪表情で起きる傾向にあり、作られた表情よりも本当の感情から生まれた表情に対してより起きやすいことが様々な実験からわかっています。

■「表情・声・身体フィードバック」のステップ

「表情・声・身体フィードバック」とは、先述の「マネは本物を得る事始め」で説明したのと同じくフィードバックなのですが、実はフィードバックは表情以外にも声や体を通じても生じることがわかっています。それは他者からであってもです。小声で話されると無意識に小声で応答する、腕組みをしている人を見て気づけば自分も腕組みをしている。そんな無意識な行動をしたことがある方も多いかと思います。

この「感情模倣・同調」と「表情・声・身体フィードバック」という二つのステップがどのように生じ、感情伝染が起きるかを実証した実験があります。

実験参加者にコメディー番組を観てもらいます。視聴の仕方ごとに参加者のグループが分けられます。あるグループは、コメディー番組を観て笑っている観客の様子も併せて見ます。別のグループは、観客の様子を見ることはできません。観客の笑顔を併せてコメディー番組を観たグループは、観客の様子を見ることのできないグループに比べ、そのコメディー番組をより楽しいと評価する傾向にあることがわかりました。これは観客の笑顔を見ることによって感情模倣もしくは同調が起こったと考えられています。

さらに別の条件では、コメディー番組を観ていて可笑(おか)しくなったら自由に笑ってよいグループと笑いを抑制されたグループに分けられました。その結果、自由に笑ってよいグループは、笑いを抑制されたグループに比べ、そのコメディー番組をより楽しいと評価する傾向にあることがわかりました。これは笑えば笑うほど楽

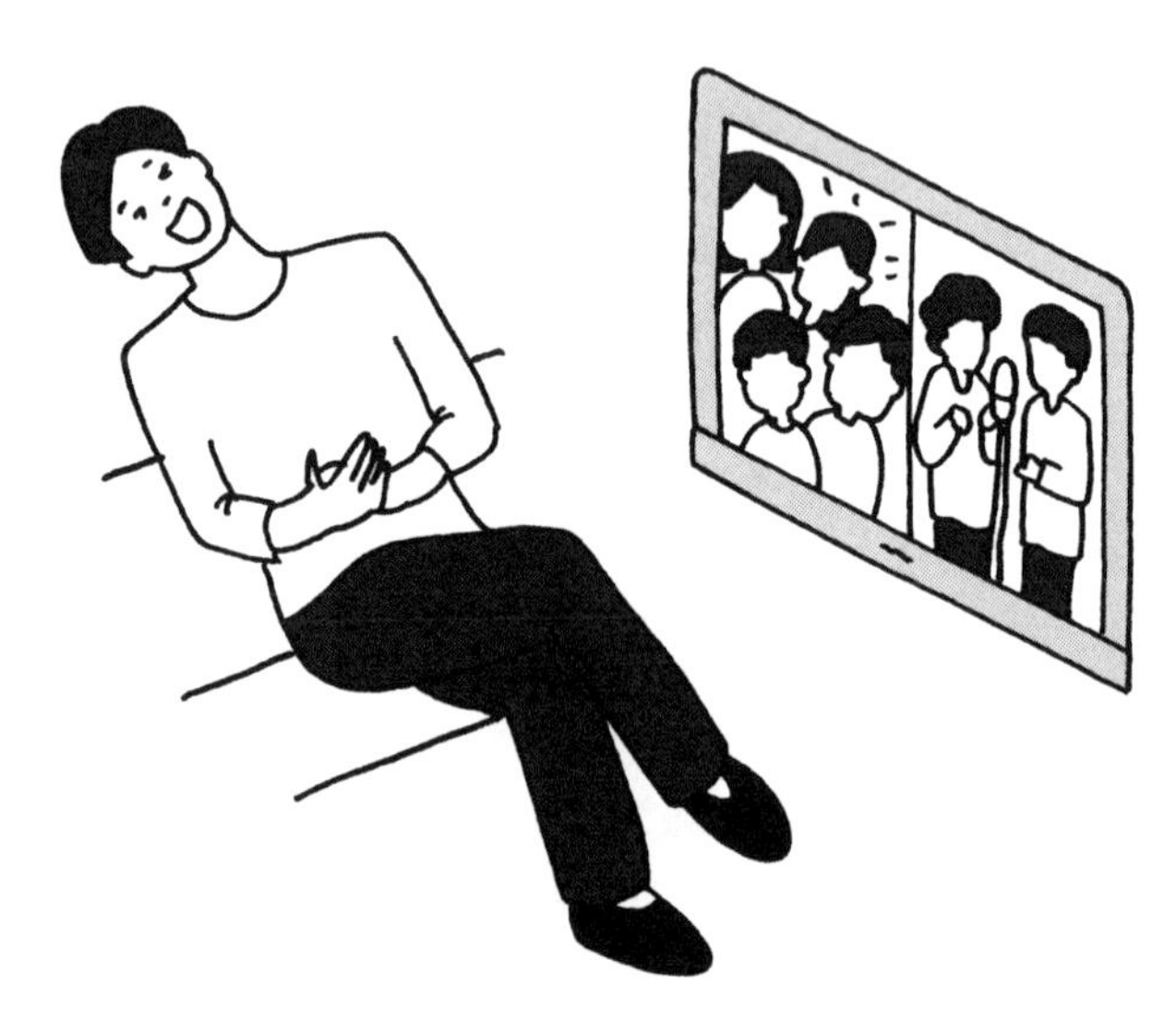

しく感じるという表情フィードバックが起こったと考えられています。

　このように私たちは他者の感情や表情の変化をマネしたり同調したりしながら、感情を生み出すのです。裏を返せば、私たち自身の感情や表情が相手の感情を作り上げるということができるのです。目の前の相手の顔が曇っていたら、それは私たちの顔が曇っているからかもしれません。目の前の相手の顔がキラキラしていたら、それは私たちが輝いているからなのかもしれないのです。相手は自分の心を映し出す鏡なのです。

表情は万国共通のコミュニケーション・ツール

　ここまで読み進められた方の中には、自分の感情や想いを相手に伝えるために「シグナル伝達」を行うことは理解できるものの、表情の意味には文化差や個人差があるため、表情は明確なシグナルにならないのではないかと疑問を感じられた方がいらっしゃるかもしれません。

　確かに表情には文化差や個人差があることも知られていますが、いくつかの表情に関しては万国共通であることが知られています。つまり、感情と表情との間には進化生物学的な基盤を持つ1対1の関係があり、性別、年齢、文化、民族、宗教を超えて同じ感情には同じ表情筋が動くのです。

■表情と感情にまつわる研究

最初にこのことを提唱したのはかのチャールズ・ダーウィンでした。ダーウィンの提唱後、１００年以上かけてトムキンズ、エクマン、イザード、マツモトと理論が精緻化されていきました。エクマンの有名な研究をご紹介しましょう。

西洋文明の影響を受けていない部族の人々にアメリカ人の表情写真を見せました。すると部族の人々はアメリカ人の表情をこれまで見たことがなかったにもかかわらず、その意味を正しく把握することができたのです。さらに興味深いことに、そこで撮影した部族の人々の表情写真を、今度はアメリカ人に見せ判断してもらいました。そうすると部族の人々をこれまで見たことがなかったアメリカ人も部族の人々の表情を正しく理解できたのです。その後も様々な文化間――ブラジル・チリ・アルゼンチン・日本・ベトナム・ポーランド・ハンガリー・インドネシア――で同じような調査が行われましたが、同じ結果が見出されています。

中でも表情の万国共通性を最も強力にサポートする証拠は、サンフランシスコ州立大学で心理学の教授を務めるディビッド・マツモト博士らによる２００４年アテネオリンピック及びパラリンピックでの調査だと思います。この調査では、パラリンピックに出場した23の文化圏に属する盲目の柔道選手の表情と、オリンピックに出場した目の見える柔道選手の表情とが比較されました。様々な文化圏に属する盲目の柔道選手は、目の見える柔道選手と変わらずに、同じような状況下で、同じ表情をしていることがわかりました。

■万国共通の表情

現時点で明らかとなっている万国共通の表情は、幸福、軽蔑、嫌悪、怒り、悲しみ、驚き、恐怖の7個です。またおそらく万国共通の感情で表情も共通する可能性が高いと考えられている表情は、羞恥、恥、罪悪感、誇り、畏れ、楽しみ、愉しみ、興奮、快楽、安堵、満足の11があります。

元々私たちには万国共通の感情があり、それを表情に表すことができます。意識せずとも自然に万国共通の表情として表れるのです。しかし、社会的な制約や生育環境の影響で感情を抑制することに慣れてしまったり、表情を用いたコミュニケーションをしない生活に慣れてしまったり、そうした理由が相まって表情筋を生き生きと動かすことが不得意になってしまったのではないかと考えられます。

もちろん状況によっては、ありのままの感情を表情に出すことを控えなければならないこともあるでしょう。しかし、同時に逆のことも真です。ありのままの感情を相手にわかるように表情に出す必要も多いでしょう。特に私たち日本人は感情が表に出ないように表情を抑制することは得意ですが、明確に表現することは苦手です。

表情表現力を磨き、世界中の人ともコミュニケーションできるようになりましょう。もっと言ってしまえば、普遍的な表情表現力を磨けば、たとえタイムスリップしても、過去の人とも未来の人ともコミュニケーションできるようになります。本当の世界共通語は、英語でもエスペラント語でもありません。表情なのです。

姿勢としぐさをマスターすれば、海外旅行だって怖くない！

万国共通の表情同様、万国共通の姿勢やしぐさがあることもわかっています。万国共通の姿勢は、自分の体を大きく見せたり、自分の周りの面積を大きく取るリーダー姿勢と呼ばれるものと、その逆、自分の体を小さく見せたり、自分の周りの面積を小さく取るフォロワー姿勢と呼ばれるものの2種類があることが知られています。

■万国共通の2種類の姿勢

具体的に、リーダー姿勢には、アゴを上げる、上を見上げる、胸を張る、両腕を上に引き上げる、腰に手を添える、スタンスを広く取る、両手を頭の後ろで組むなどがあります。ポジティブな感情を抱いているときになされる姿勢です。フォロワー姿勢には、肩を落とす、うつむく、スタンスを小さく取る、両手を前に組むなどがあります。ネガティブな感情を抱いているときになされる姿勢です（詳細は2章④で解説）。

これらの姿勢は、類人猿の集団においてボスとそれ以外の個体間で観察されています。また盲目の柔道選手であっても試合に勝つとリーダー姿勢を、負けるとフォロワー姿勢をする様子なども観察されています。つまりこれらの姿勢は類人猿と私たちとの間に進化生物学的なつながりがあることがわかります。

これらの姿勢に関して興味深い報告があります。その報告によれば、姿勢と動きから銃を隠し持っている人物を推測することができるというのです。銃を持っている人物は、持っていない人物と比べて、自信のある姿勢で、大股でゆっくりと歩くそうです。確かに警察官や軍人を見ているとそんな感じがしますよね。また某テレビ番組で、メンタリストが複数人の中で誰がどんな武器を隠し持っているかを当てるパフォーマンスをしているのを観ました。そのメンタ

リストは、それぞれの姿勢と動きを根拠に、誰がどんな武器――銃・ナイフ・警棒・スタンガンなど――を持っているかまで特定していました。そのパフォーマンスがどこまで本当のものかどうかはわかりませんが、トレーニングすればそうしたことまで当てることができるようになるのかもしれません。

リーダー姿勢を意識的に取ることとの効用に目を転じましょう。たとえば、海外旅行で行ったことのない国を訪れたとしましょう。すると慣れない土地でオロオロしてしまい、不安な気持ちがフォロワー姿勢となって表れてしまうかもしれません。そんなとき無理にでもリーダー姿勢になることをオススメします。

旅行者を狙う犯罪者たちによれば、体が小さく、自信のなさそうな人物を「獲物」にするそうです。彼らもできるだけ返り討ちされるリスクを避け、楽に「戦利品」を勝ち取りたいのです。同じことが暗い夜道でも言えます。暗くて不安な気持ちになるときこそリーダー姿勢を取ればよいのです。

もちろんプレゼンや商談、面接などでもリーダー姿勢は役に立ちます。自信のない姿勢をしている人の話からは説得力や熱意が感じられてこないでしょう。

■「しぐさ」の分類 「エンブレム」と「イラストレーター」

万国共通の姿勢に続き、万国共通のしぐさについて紹介します。しぐさと聞いて「しぐさってジェスチャーでしょ?」「ジェスチャーこそ文化によってそれぞれでは?」という声が聞こえてきそうですが、半分正解で半分不正解です。

しぐさには、いわゆるジェスチャーと呼ばれ、単語やフレーズの代替機能を持つ「エンブレム」と分類される動きと、言葉を視覚化する機能を持つ「イラストレーター」と分類される動きと、2種類があります。それぞれ見ていきましょう。

エンブレムは、その動きだけで特定の単語やフレーズの意味を他者に伝えることができます。たとえば、道端で片方の手の親指を上げ、その他の指を握った状態にし、親指を自分が行きたい方向へ向ければ、それは、アメリカではヒッチハイクを意味します。つまり、車に乗せて欲しいという言葉を発しなくてもこのエンブレムをするだけで意思を伝達することができます。

世界には数えきれないほどのエンブレムがあり、その大多数は文化や小集団特有の意味の込められた動きです。しかし、「はい」「いいえ」「こっちに来て」「あっちに行って」「止まれ」を意味する五つのエンブレムに関しては万国共通に理解されることが知られています。ただし、これらの五つは万国共通の表情や姿勢とは異なり、進化生物学的な根拠があるわけではなく、主に西洋文化のエンブレムがマスメディアの広がりとともに理解が深まったと考えられています。

次にイラストレーターについてです。イラストレーターを使うことで、感情や想いを伝えたい相手に視覚的なイメージを与えることができます。たとえば、「20㎝×30㎝×40㎝の箱があります」という発言をするとき、どのくらいの大きさかを手で表現した方が一瞬で相手の脳裏に届きます。また「ポイントは三つです」と言いながら指を3本示せば、声を聞き逃した相手に対してもポイントの数を伝えることができます。

イラストレーターも万国共通に見られるしぐさですが、使用頻度には文化差や個人差があります。西洋諸国に比べ、日本を含むアジア諸国はイラストレーターの使用頻度が少なく、その動きも小さいことが知られています。集団よりも個人の意見を重視する文化と個人よりも集団の意見を重視する文化から来る違いだと考えられています。具体的には次章以降でご紹介しますが、場面や状況に応じたイラストレーターの使いわけを意識することが大切です。

まとめ

- ●コミュニケーションは、「シグナル伝達」（感情を伝える）→「感情誘発」（相手の感情を呼び起こす）→「行動誘発」（その感情が行動に結びつく）というステップを踏んでいる。
- ●感情を表す表情を作ることによって、それが自分の感情に影響を与える（表情フィードバック仮説）。
- ●感情は伝染する。相手の表情に合わせて自分の表情も変わり、相手の声や身体動作によっても自分の声や動作が影響される。
- ●表情は万国共通であり、7表情は完全に、11の表情はほぼ完全にどこでも誰でも一致する。感情表現としての姿勢やしぐさにも、万国共通のものがある。

②「ノンバーバル・スキル不足」では伝わらない

伝えたいことがあるのに伝わらない。本気なのを伝えたい、誠実だということを伝えたい、信念を伝えたい、だけどそれがなかなか相手に伝わらない。なぜ？　どうして？

その原因を考えるのが本節のテーマです。相手に想いが伝わらない原因を自らが知らず知らずの間に作ってしまっている場合が多々あるのです。主に五つ原因があります。

そもそも想いがなければ伝わらない

相手に想いが伝わらない第一の原因は、そもそも本当は伝えたい想いがない、というものです。当たり前のようですが、大事な点です。これは「本音と建前が違う」と言い換えるとわかりやすいかもしれません。

たとえば、ある喫茶店で保険の外交員とお客さんが会話をしていました。その外交員の方はお客さんの要望や心配事を聞きながら、時折、眉を引き上げる表情をしながら、「そうですよね！　わかります、わかります。そこでオススメしたい保険が……」という発言を続けました。その様子を観察しているとどうも話が噛み合わず、お客さんはその勧められた商品に納得がいかない様子でした。何が起こっているのでしょうか?

眉が引き上げられる動きは、驚き・興味・関心を示したときに出ます。またこの動きはうなずきと同じ機能も併せ持っています。私たちは人の話を聞くときに、「あなたの話に関心がありますよ」「あなたの話を聞いていますよ」というメッセージを伝えるために、この動きを頻繁にかつほぼ無意識的に行っています。

そのコミュニケーションが他愛もない場合や、コミュニケーションの合間に軽くする程度なら特に問題はありません。話にリズムをつけることができるでしょう。しかし、真剣なやり取りの場面ではこの動きが逆効果になる場合があります。

保険の外交員とお客さんのやり取りの場面では、外交員はお客さんの要望や心配事を聞いています。それに眉を引き上げ、驚き・興味・関心を示しているわけです。この保険の外交員の方が本当にお客さんの発言に驚き・興味・関心があるならば、お客さんの発話の直後にすぐさま保険の商品を勧めることはせず、お客さんに具体的に質問をし、もっとお客さんの想いを深掘りしようとするはずです。つまり、この保険の外交員の方はお客さんの話の内容に対して驚き・興味・関心という想いが本当は「ない」と考えられます。そうした想いがないにもかかわらず、眉を引き上げる表情をし、その後にお客さんの気持ちを汲み取ることをしないため、この表情だけが空虚に残ってしまうのです。

伝えたい想いがない、内容がない、想いとは裏腹であるときに、表情や動作だけをいくら繕ってみても、相手に自分が本来意図した想いは伝わらず、相手に伝わるのは、内容の薄さ、もっと言ってしまえば、表面的な薄っぺらさだけなのです。

感情も表に出なければ伝わらない

相手に想いが伝わらない二つ目の原因は、想いが適切に表情や動きに表されていない、ということです。これは先の伝えたい想いがないときより深刻かもしれません。本当に伝えたい想いがあるにもかかわらず、それが相手に伝わらないからです。表情を始めとした声の調子、大きさ、自分の体を使ったノンバーバル表現が遠慮がちな私たち日本人に最も当てはまることかもしれませんね。

なぜ想いが適切に表情や動きに表されないのでしょうか。「驚きが弱い」「伝えようという意識が薄い」「表情をコントロールできない」の三つのパターンがあります。一つひとつ見ていきましょう。

■「驚きが弱い」パターン

「驚きが弱い」とは、刺激に対する驚き反応が小さい、ということです。驚きはすべての感情の源で、情報探索という働きを持っています。驚きという感情を抱くことによってはじめて、自分の心の中や自分を取り囲む世界に目を向けることができ、様々な感情や想いを抱けるのです。

子どもと大人を比べてみるとわかりやすいでしょう。大人に比べ、子どもは世界について初めて知ることが多いため、日々驚いています。子どもの表情は豊かで、声は大きく、元気いっぱいに動き回ります。これは驚きから派生した様々な感情・想いが子どもの身体内に収まりきらず、力一杯に全身から放出されているのです。

驚きが驚きを生み、そこからさらに様々な感情や想いが生み出されるため、驚きが弱ければ、もしくは驚きを感じることが少なければ、それに続く感情も弱くしか感じられず、結果的に自分の伝えたい想いがあっても、弱くしか伝えられなくなってしまうのです。また、会話中にふわふわと浮かぶ話のタネや広げられるはずだった会話のタネにも注意が向かず、盛り上がりに欠けるコミュニケーションになってしまいます。

■「伝えようという意識が薄い」パターン

次に「伝えようという意識が薄い」という問題です。「驚きが弱い」ということにも通じますが、伝えたい想いがあったとしても、元々の熱量が弱ければ、相手に通じません。表情筋の動きは感情の強さに連動して動くため、自身が抱いている想いや感情が弱ければ、わずかな表情筋の動きとしてしか表れず、相手に自分の想いが明確には伝わらないのです。

私の体験談をお話ししたいと思います。そこそこ値段のするイタリアンレストランのお店を一人で訪れたときのことです。メニューを見ながら私は「シーザーサラダ食べたいな～」と思いつつも「一人だと量が多すぎないかな？」と迷っていました。そこで店員さんを呼び、一人でも食べることができる量なのかを質問しました。店員さんは眉一つ動かすことなく真顔で「お一人でも食べられると思いますよ」とだけ私に伝え、さっさと去ってしまいました。

どう感じますか。少し悲しくなってきませんか。質問しなくてもよかったと思われてきませんか。私はそう思いました。もし店員さんが先の言葉を笑顔とともに伝えてくれたら、そしてイラストレーターを使いながら「これくらいの量ですよ」と伝えてくれたら、私の質問にちゃんと答えようとする意思がひしひしと伝わってきます。またサラダの量が多少多くても、店員さんの笑顔に嬉しくなり、サラダをオーダーしていたかもしれません。

もしかしたらその店員さんは「できれば頼んで欲しい。食べて欲しい」と思っていたかもしれません。しかし、その想い・感情が弱ければ、それが人に伝わる程度に表情やしぐさに表れないため、伝わらないのです。

■「表情をコントロールできない」パターン

最後に「表情をコントロールできない」という問題です。端的に言いますと、日々の生活の中で表情筋を動かすことを意識的にしていないため、表情筋が硬くなってしまっている状態だと言えます。

私たちは誰もが他者の表情筋の動きからその人の感情や想いを読み取る能力を持っています。しかし表情筋の動きがなければ、当然、その人の想いを受け取ることはできません。伝えるという観点から言えば、表情筋の動きを豊かにしなければ、自分の想いや感情を相手に明確に伝えることはできないのです。

表情筋は筋肉ですので、動かせば動かすほど、鍛えれば鍛えるほど、動きやすくなり、多彩な表情を表現することができるようになるのですが、私たちは、スマホやパソコンを通じてのコミュニケーションに慣れてしまっているせいもあってか、表情を使って生き生きとコミュニケーションをする機会がどんどん少なくなっているように思います。仕事の効率を重視するためにオフィスでのコミュニケーションが、キーボードを叩きながら双方とも顔を見ずに簡潔な言葉だけで行われたり、同じ空間にいるにもかかわらずメールでやり取りが行われる、そんな光景を見たこともあるでしょう。

人の顔を見ない、あるいは表情のないコミュニケーションの端的な例は病院の診察室でのやり取りでしょう。病院の診察室でお医者さんはパソコンのモニターを眺めながら、患者さんの方をほとんど見ずに診断していることがあります。そちらの方が診断としては正確になり、お医者さんの作業効率や治療の確信度は深まるのかもしれません。しかし、そんな後でお医者さんに真顔で「大丈夫です」と言われても、患者さんの不安は残ったままでしょう。お医者さんは本心から大丈夫と思っていても、患者さんの心情としては大丈夫ではありません。表情筋を適度にコントロールして言葉を添えなければ、想いは伝わらないのです。

言葉とノンバーバル・シグナルが一致していないと伝わらない

相手に想いが伝わらない三つ目の原因は、言葉とノンバーバル・シグナルが一致していない、ということです。自分の言葉とノンバーバル・シグナルが一致していないという状況では、他者にどのような印象をもたらすのでしょうか？

有名かつ最も誤解を受けている科学的知見として、メラビアンの法則をご紹介したいと思います。メラビアンの法則とは、私たちが他者からメッセージを受け取るとき、言葉というバーバル情報よりも声の調子や表情といったノンバーバル情報に大きな影響を受けるというものです。

具体的には、言葉からは7％、声の調子や口調からは38％、ボディーランゲージからは55％の影響を受けるというものです。よく「見た目だけでコミュニケーションの9割が決まる」といったことが言われるのは、ここから来ています。

しかし、これはどんな状況でも成り立つルールではなく、それぞれの情報が矛盾したときのみに成り立つルールです。つまり、目の前の相手が言葉では「凄く楽しいです」と言っていたとしても、眉間にしわが寄っていたり、笑顔が見られなければ、私たちは「この人は本当は楽しくないいんだな」と思う傾向にあるということです。

想いを伝える側の視点から言えば、本当は凄く憤慨しているのに、笑顔でそのメッセージを伝えてしまうと、「ああ、この人は何か私に警告しているようだけど、そんなに深刻なわけではないようだ」と思われてしまう危険があります。したがって、相手に本当に警告を与えたいのならば、言葉とともに怒りを示す表情やボディーランゲージを表すべきなのです。

これに関連して、注意すべきことがあります。それは文化圏が異なったり、年代が大きくかけ離れた場合のコミュニケーションです。

私たち日本人を含めた集団主義的な国ではネガティブな状況のときに笑顔を見せる傾向にあります。特に自分より目上の者がいるときには、目下の者はネガティブな感情や想いを抱いてもそれらをストレートに表に出すことはせず、笑顔を見せ、その場の空気が悪くならないようにします。

先日、オフィス内での上司―部下間のコミュニケーションを分析していたときのことです。上司が部下にある企画書に対する意見を述べていました。そのときの部下の様子は、上司の意見を肯定するわけでもなく、否定するわけでもなく、ただ笑顔で時折りうなずきながら聞いていました。興味深いのは「それはちょっと違うんじゃないですか？」と部下が上司に反対意見を差し挟むときも、笑顔のままだったということです。

私たち日本人は、この笑顔のメッセージを概ね理解できると思います。上司の意見に反対だったとしても真面目な表情やネガティブな表情で表明してしまうと、角が立って場の空気が悪くなってしまうため、言葉に込められたネガティブ性を笑顔によって中和しようとしている

のだということです。こうした場合、反対意見というネガティブな言葉と笑顔というポジティブなノンバーバル・シグナルとが一致していなくても、お互いが笑顔の意味を理解し、言葉の重みを重視することができる可能性は高くなるでしょう。しかし、文化圏が異なる者同士のコミュニケーションだったり、年代がかなり離れた者同士のコミュニケーションだとしたら、メラビアンが提唱しているようにノンバーバル・メッセージの方が強い影響を持ってしまう可能性が高まります。

この言葉とノンバーバル・シグナルが一致していないから想いが伝わらない、というのは、以上のように文字通り矛盾しているという場合もあれば、調和が取れていないから言葉の重みが伝わらないという場合もあります。

これは先の「感情も表に出なければ伝わらない」にて説明した場合、すなわち言葉の持つ重みに比べて、ノンバーバル・シグナルの力強さが足りない場合もあれば、ノンバーバル・シグナルがその言葉の重みに比べて大きすぎる場合があります。

後者の場合、ノンバーバル・シグナルが大きすぎて大げさな印象を与えてしまいます。悪くすれば、ウソっぽい印象を与えてしまいかねません。舞台役者さんなどを想像していただくとわかりやすいでしょう。舞台上では一番奥に座っているお客さんにもメッセージが届くように俳優さんたちは表情も体も大きく動かします。これを日常のコミュニケーションでやっている人がいたらどうでしょうか。「芝居がかる」という表現があるように、非常に奇異に映ると思います。

以上のように、メッセージを伝える相手や状況に合わせて言語とノンバーバル・シグナルの良い塩梅を調整しないと、想いが適切に伝わらないのです。

こんなクセ、やってしまっていませんか?

相手に想いが伝わらない四つ目の原因は、相手に誤解を与えてしまう表情やしぐさのクセです。感情と表情、感情と体の動きは連動していますので、ある感情を長期間にわたり抱くことによって特定の表情や体の動きを多くすることになります。そうした特定の表情や動きが身体に染み付き、表情やしぐさのクセとなります。

表情に関して言えば、特定の表情筋の動きが顔に特徴的なしわとして刻まれます。それが良い印象を与える場合もありますが、大抵が悪い印象を与えるため、想いを伝えるうえでの障害となってしまいます。どんな表情・しぐさのクセがあるかそれぞれ見ていきましょう。

■気をつけたい「表情グセ」

よくある表情グセとしては、笑うとき口角が左右非対称に引き上げられる、というものです。このクセは愛想笑いをしているときに見られる場合が多いように思われますが、心から笑っていてもこのクセを持っている方を見ることがあります。片方の口角だけが引き上げられるという表情筋の動きは、私たちが軽蔑や優越感を抱くときの表情です。そのため、この表情グセがあると人にネガティブな印象を与えてしまいます。

私たちの顔は微妙に左右非対称にできていますので、顔に表情が表れるときというのは誰しもが多かれ少なかれ左右非対称の表情となります。とはいえ、生まれつきその表情筋の付き方が左右どちらかに偏っていたり、軽蔑や優越感という感情を頻繁に抱いていると、その表情筋の動きがクセとなってしまい、ただ笑っているだけなのに口角が左右非対称に引き上げられた笑顔になってしまうのです。

さらに悪いことに口角が左右非対称に引き上げられ続けていると、ホウレイ線が片方だけ濃くなってしまいます。しわというのは感情の年輪にたとえられ、真顔のときに人に与える印象に影響を及ぼします。目じりにクッキリと刻まれた笑いじわなどは良い印象を与えますが、左右非対称のホウレイ線は人に悪い印象、さらに言えば傲慢だという印象を与えてしまう可能性があります。

次に気をつけたいのが視線の使い方です。私は就職活動中の学生さんに心理学の理論を活用した面接対策を教えているのですが、時々視線の使い方が過剰な学生さんがいます。それは、過度にこちらを見つめるか全く見ようとしない、そのどちらかです。

過度に人を見つめるという行為は、人を支配したいという心理や、自分の言動に自信がないために相手の挙動が気になるという心理から起こります。私たちは地位が上の人より、自分と同じか下の人を見つめやすいことを経験的に知っているため、過度な視線、特に真顔とともに向けられる場合、相手に支配されているような気持ちになってしまうでしょう。

逆に視線を合わせようとしない場合、その理由は色々――緊張していたり、思考をフル回転させていたり――とありますが、話している相手に想いや熱意、メッセージが伝わりにくくなります。なぜなら視線の向かう先は興味の対象ですので、明後日の方向を見て話している人に対して、私たちは「あ、この人、私より違うことに関心があるのね」と思いやすいからです。

また関連として、視線が定まらない人もいます。視線があちこち動いてしまうのは、動揺していることの表れです。動揺する理由は色々あるはずですが、こうした視線が定まらない人を見ると、私たちは単純に「この人はウソをついている」と思ってしまう傾向にあります。

■気をつけたい「しぐさのクセ」

身体のクセにはどんなものがあるでしょうか?

マニピュレーターというものがあります。マニピュレーターとは、自分の身体の一部で他の身体の一部に触れる行為を言います。感情のブレが大きくなったときに自分を落ち着かせるための行為なので、誰しもが日々このマニピュレーターを無意識に行っています。よくあるのが顔をさすったり、鼻をいじったり、髪の毛をもてあそんだり、両手をすり合わせたり、腕をねじったり、胸元を撫でたりする動きです。マニピュレーターの延長上の行為として、手に届く範囲のものをいじる、机を小刻みに叩く、貧乏ゆすりをするなどの動きがあります。

私たちはこのマニピュレーターを顔の中でも行います。たとえば、唇、舌や頬を噛んだり、唇をぎゅっと閉じたり、目をしばしばさせたり、頬を膨らませたりします。こうした行為は誰しもが行いますが、これを過剰にやってしまう、つまりクセとなってしまっていると相手に悪い印象を与えてしまいます。

ある大規模調査によると、ウソをついていると思われる人の動きベスト5に、先の視線が定まらない動きに加え、このマニピュレーターがランクインしています。マニピュレーターはウソをついている人に特徴的な動きではないことが科学的には証明されています。しかし、私たちはマニピュレーターをしているのを見ると、その人がウソをついていると思ってしまうのです。またウソをついているとまではいかないまでも、落ち着きがない人という印象を受けてしまうでしょう。

次に姿勢に関してです。前節で紹介したように、ポジティブな感情を抱いているときに取るリーダー姿勢と、ネガティブな感情を抱いているときに取るフォロワー姿勢とがあります。これらの姿勢がクセとなっている方もいます。いつも胸を張っている、いつもうつむいている、そんな方、たくさんいらっしゃると思います。

体育会系出身の方などで、両腕を曲げて手を腰に当てる「アーム・アキンボー」という姿勢をクセにしている方が時々見受けられます。この姿勢はリーダーとして多くの部下を引き連れるような場面では自信のある印象を与えるので適切な姿勢である場合が多いのですが、普段のコミュニケーションでもこの姿勢を取ってしまうと相手に威圧感を与えてしまいます。

一方で肩を落とす、うつむくという姿勢は、何らかのミスをしたときに恥や罪悪感を表明する場面としては適切な姿勢となります。しかし、そうした姿勢がクセになっていると、周りから「なんか暗い人」「自信がない人」と思われかねません。

相手の感情が読み取れないから伝わらない

相手に想いが伝わらない五つ目の原因は、相手の感情や想いが読み取れない、推察できないから伝わらない、というものです。

私がある展示会を訪れたときの話です。その展示会では、顔だけから年齢、性別、民族、その顔が既知か未知か、メガネの有無、などが推定できるアプリが様々なメーカーから出展されていました。展示会ブースにいた大部分の担当者の方々は、私がそれぞれのブースに着くなりすぐさまアプリの機能の説明をしてくれました。

しかし、私が眉を引き上げても中央に引き寄せても（興味を持っても持たなくても、理解していてもしていなくても）、担当者の話の調子は変わらず、私の興味に応じた説明は聞くことができません。途切れのない説明のどのタイミングで質問しようかと考えているときも、同じスピードで説明されるので、アプリについて一通りのことは理解できたものの、各メーカーのＨＰやパンフレットで紹介されている以上のことを深く知ることはできませんでした。何のための「今・ここ」の対面コミュニケーションなんだろうかと考えてしまいました。

またこんなこともありました。ラジオでアナウンサーの仕事をされていた方と、コミュニケーションに関するあるプロジェクトの会議でご一緒したときのことです。確かにその方の声の調子や話し方、表情の豊かさはさすがに普通の方とは違うなと思いました。気になったのは、話すスピードがものすごくゆっくりで、話の間もとても長いことです。それゆえに明確にその方のメッセージは伝わりましたが、限られたミーティングの時間内でその日中にまとめる必要のあるトピックがいくつもあったために、私は表情では眉を中央に引き寄せ、心の中では「もうそこは十分理解したから、話を切り上げてくれないかな～！　次のトピックに移りたいな～!!　どうやって話の間に入ろうか!!!」と幾度も思案していました。最終的にこの調子では間に合わないと思った私は、半ば強引にトピックの変更をお願いすることにしましたが、結局、話さなければいけないトピックの半分も話し終えることができないばかりか、その方の話を聞くばかりで、私の意見を述べる時間が極端に少なくなってしまいました。私はこの方とのコミュニケーションに大きな不満を感じ、結果的に一緒に仕事をすることをお断りしました。

■「伝える」だけでなく「読み取る」ことも大事

営業担当にせよ、話し方のプロにせよ、相手の感情や想いを、言葉だけでなく、表情なり、体の動きなりから適切に読み取れなければ、相手の心に届くように想いは通じない、伝えられないということです。

仮に、伝え方の書籍を読んだり、トレーニングを受けたりして、豊かな表情、声の調子、身振り・手振り、姿勢などを習得したとしましょう。効果的な言葉の選び方、わかりやすい資料の作り方も習得したとしましょう。その伝えるスキルを持っていざ、商品説明や交渉、面接試験に臨むとします。

もし完璧だと思われる伝えるスキルを使い説明しているときに相手の眉が引き上げられたらどうでしょうか。逆に相手の眉が中央に引き寄せられたらどうでしょうか。

眉が引き上げられるという動きは、驚き・興味・関心です。その動きが現れた話題についてもっと聞きたいというシグナルです。眉が引き寄せられるという動きは、怒りもしくは熟考です。その動きが現れた話題について集中したいというシグナルです。こうした表情の意味を知り、相手の表情の変化に気づくことができれば、眉の引き上げにはその話題を広げようとすることができますし、眉の中央への引き寄せにはその話題を詳しく説明する、あるいは逆に簡潔に説明し、相手の思考に委ねる、相手に考える時間を与える、相手に話の主導権を渡すといったコミュニケーションができるでしょう。

相手に自分の想いを効果的に伝えようと、自分発信の伝え方ばかりに目が行ってしまうと相手の所作を観察することをおろそかにしてしまいます。語学学習でたとえるところのスピーキング——自分の意見を伝える——はできるけど、リスニング——相手の話していることを受け取る——はできないという事態になってしまいます。「外国語をペラペラ話せる」というのは、スピーキングもリスニングも両方できて「ペラペラ」なはずで、スピーキングだけできればよいというわけでは決してないはずです。

話を戻しますと「相手の想いは受け取らないけど、自分の想いは伝えます」といったような読み取るスキルのない伝えるスキルほど一方的で暴力的なコミュニケーションはないと思います。伝えるスキルは読み取るスキルと合わさってはじめて効果的なコミュニケーション力、想いを相手に伝えることができるスキルとなるのです。

本書では主にノンバーバルで自分の想いを相手に伝えるスキルについて説明しますが、決してこの「相手の想いを読み取る」という側面を忘れないでください。

スピーキング――○
リスニング――×
⇒話せるとは言えない

まとめ

- 「伝えたい感情が実はない」「何につけても驚く気持ちが弱い」「伝えようという意識が薄い」「表情を上手くコントロールできない」という人は、感情を上手く伝えられない。
- 「話している内容と表情がズレている」「表情やしぐさにクセがある」という人は、相手から誤解を受けやすい。
- きちんと感情を伝えるためには、相手の感情もきちんと読み取る必要がある。

③ 感情が伝わる相手、伝わらない相手

前節では相手に想いが伝わらない原因を自らに求め、その「なぜ・どのように」を考えてきました。本節では相手に想いが伝わらない原因を相手にも求めます。もう少し正確に言うと、相手にも協力してもらわなければ伝わらない、という場合です。本節で紹介する状況に対しては、自身が聞き手に徹するか、それが不可能ならば、こちらに興味を向けてもらう工夫をする、ハッキリと言える場合ならば「あなたとはコミュニケーションが成立していません」と明確に言い、その原因を伝えるべきでしょう。

「伝えたがり屋」には伝わらない

世の中には、聞き役よりも話し役の方を好む人がいます。自分の想いや考え、情報をとにかく誰かに伝えたい、良い情報を教えてあげたい、そんな想いが強い人もいれば、愚痴を聞いてもらって癒されたい、そんなタイプの人もいるでしょう。

聞くのが好きな数人と話し好き一人、あるいは聞き役一人と話し役一人というように役割の

バランスが取れていれば問題ないでしょう。あるいはそこで交わされるメッセージの重要性が低く、その場を共有すること自体が目的なら、全員が好き好きに話し続けていても問題ないです。しかし、同じ目線で会話を楽しみたい場合や交わされるメッセージが重要である場合では、話し役の独擅場は、聞き役にとって苦痛を伴うものになったり、ミスコミュニケーションを生む危険性があります。

以下、わかりやすさのため、会話での状況を例に解説します。ノンバーバル・コミュニケーションにおいても、考え方は同じです。

■「伝えたがり」で問題ないケース

最初にその場の全員が話し役でも問題にならない場合をご紹介しましょう。カフェやレストラン、飲み屋さんでのリラックスした雰囲気での会話のやり取りをちょっと観察してみてください。カフェやレストランではマダムたちが、美味しいお店の話、子どもや孫の話、最近見つけた良い美容品・ダイエット法の話で盛り上がっています。その様子を垣間見ますと、みなさんとても楽しそうですが、誰かの情報を掘り下げたり、一つの話題について話が広がることは稀で、様々な話題がポンポンと現れては消えてゆく、そんな連続です。

飲み屋さんでは、会社の同僚らしき方々が仕事の愚痴を言い合っています。こちらも先のマダム同様、皆が好き好きに愚痴を言い、その愚痴の解決法を考えるわけでもなく、誰かの愚痴に深い共鳴を示し合うわけでもなく、次から次へと色々な種類の愚痴やその矛先が変化します。

こうした場合のコミュニケーションは、想いや情報を伝えるというよりは、会話をする場や時間を共有したり、話すことでリラックスをしようとすることが目的となっているため、苦痛を伴うコミュニケーションになることもなく、お互いの情報を聞き漏らしたとしても問題が起きることはあまりないでしょう。逆に、こうした場で変に空気を読んで会話をしようとすると場を楽しむことができなくなり疲れてしまいます。その場のみなが「伝えたがり」になり、空気を読まない会話が最適なのです。

■「伝えたがり」が問題になるケース

それでは「伝えたがり」が問題になる場合とはどのような場合でしょうか?

私の先輩に旅行好きの女性がいます。彼女は時間が許す限り世界の様々なところに旅行に行き、その国の文化や風土に親しんできます。私は年に2~3回ほど彼女に会うのですが、会うたびに旅行の話をしてくれます。自身が体験したことや学んだ文化や歴史について一時も止まることなく話を続けます。5分、10分、15分と続きます。

これが舞台の上ならば問題ないでしょう。演者がいてお客さんがいて、基本的にお客さんは鑑賞役、聞き役です。教室や教育的な場面でも問題ないでしょう。「生徒」側は「先生」側の情報を欲しているからです。しかし、普通の会話の場面、すなわち相槌(づち)や疑問、質問を差し挟める関係性の場面で、5分でも一方的に話を聞き続けるのは苦痛を伴います。

確かに彼女の話からは熱意が伝わってきます。「とても感動したんだな」ということも伝わってきます。彼女の話の途中で何度かその話について共感を覚えていることを伝えようとしたり、話についていけなくなったとき「今、何の話をしているのですか？」と聞こうとしたりしましたが、あまりに熱心に話しているので、その間がないのです。

彼女は私の目をじっと見て話してくれるのですが、私の表情の変化やうなずきに反応している様子はほとんどありません。これはどういうことかと言いますと、私たちは自分の思考や話すことに集中しすぎると、脳の容量がいっぱいになり、外界の刺激を取り入れることが難しくなってしまうためなのです。15分過ぎた頃、少し間が空き私が話そうとします。「ちょっとお茶を」と言い、彼女はお茶を飲みました。飲み終わった途端、また「プレゼン」が再開されました。その後、話題が変わってしまい、結局その旅行話について私が共感していることや私が質問したかったことを伝えそびれてしまいました。

この例は仕事上のやり取りではないので、ミスコミュニケーションが生まれても大きな問題ではないかもしれません。しかし、次に紹介する例のように仕事上のやり取りでどちらか一方が「伝えたがり」になってしまうと後に大きな問題に発展しかねません。

私の知り合いのベンチャー企業のお話をしたいと思います。二人でスタートしたベンチャー企業がありました。一人が営業担当で、もう一人が対人スキルに関する専門知識を有する社長兼講師です。社長の専門知識やアイディアは秀逸なのですが、人脈がなく、ご自身の専門知識をどのようにビジネスとして結びつけるかに頭を悩ませていました。一方で営業の方は、40過ぎで豊富な社会人経験があり、広い人脈もあって話が上手でした。その営業担当は日々、潜在的顧客に企業のサービスを紹介して回っていました。

あるとき接客販売サービスを行う企業との仕事の話を取ってきます。その企業はマナー研修を終えた社員に向けて、一段上の接客スキルを磨く研修を考えていたのです。その営業担当は、社長にこのチャンスを活かす重要性や将来の明るい見通しを熱心に語ります。起業間もない社長にとっての一番の懸念事項はお金でした。コラボでプロジェクトをやるというのは、講演依頼を受けるのとは違って儲けがすぐに発生するわけではありません。プロジェクトの終了まで儲けは発生せず、資金的に体力が持つかどうか不安だったのです。

それを営業担当に伝えると、それでも「今は耐える時期です」とか「将来必ず大成功するプロジェクトです」「先方は凄い乗り気です」と熱心に訴えました。不安を感じながらも営業担当の熱心さに押され、また「定期的にコンサルタント料をもらう」契約を先方と交わすという営業担当の提案があり、「それなら、いいか」とプロジェクトをすることにしました。そして、社長は寝る間も惜しんで、起業後初のコンサル業に身を削る日々を送りました。

プロジェクトを始めて少し経った頃、ふとこの社長が先方の担当者に、コンサルタント料の支払い方について尋ねたとき、担当者の方から「コンサル料とはどういう意味ですか？」という言葉が返ってきました。背筋が寒くなった社長は、営業担当にすぐに契約の内容を確認しました。すると営業担当は、契約はプロジェクトの途中からでも説得しますから、とにかく今はコラボプロジェクトをこのまま続けて欲しいと言い始めたのです。

実は一切の契約はしておらず、先方の企業はボランティアでやってくれているという認識だったそうです。結局、すぐさまこのプロジェクトは終了となりました。もちろん契約内容をちゃんと確認してから仕事を始めなかったこの社長にも落ち度はあると思うのですが、営業マンの「伝えたい」、このプロジェクトを絶対にやりたい、という想いが強すぎて、社長の懸念が伝わらず、ミスコミュニケーションが生まれ、時間とお金を浪費してしまう結果となってしまったのです。

相手が見てくれなければ伝わらない

次に相手がこちらを見てくれないから伝わらない、という問題です。これは意図的な場合と意図的ではない場合があります。意図的な場合とは、相手がコミュニケーションを取ることに否定的な場合です。意図的ではない場合とは、相手の注意がみなさんの方ではなく違うところに向かってしまっている場合です。それらは具体的にどういう場面でしょうか？

■聞く耳がないケース

会話相手が会話の場にはいるものの、心を閉ざしてしまう場合があります。最初から心を閉ざしていることもあれば、ある話題に話が及ぶと心を閉ざしてしまうこともあるでしょう。

これは私が起業をしようとしていた頃の話です。様々な人に起業したい想いを聞いてもらったり、身近な社会人にアドバイスをもらおうとしたりしていました。ある60代の会社経営者の方とこんなやり取りがありました。

某経営者：清水さんは、専門分野に関わるどんな資格を持っているのですか？

私：表情分析の専門スキルがあることを証明する認定FACS（ファクス）コーダーという資格を持っています。

某経営者：それは国家資格ですか？

私：国が認定を与えている資格というわけではありません。表情分析の大家である研究者が……

某経営者：それでは意味がありません。国家資格以外は無価値に等しいです。

私：確かに国家資格ではありませんが、世界中の心理学者やアニメーターが……

某経営者：もう止めましょうよ。この話は。だって国家資格じゃないんでしょ！

私：いえ、でも、表情分析に関してはこれほど……

某経営者：国家資格じゃなきゃ、意味ないのです。もう話は終わり。

このように、会話相手と大きな価値観の相違があったり、相手に聞く耳がなかったりすると、仮にどんなに「伝える」スキルを持っていたとしても、自分の想いを伝えることはできません。時間をかけて信頼感を醸成しお互いの価値観の壁を取り除いていく、あるいはこの種の話題は相手に通じないと割り切るしかないでしょう。このような場面は、世代が違う場合や文化・宗教が違う場合に起こりやすいように思います。

■相手の注意が向かないケース

それでは次に、意図せず相手がこちらを見てくれないから伝わらないという場合についてです。これはプレゼン場面を見ているとよく起きています。パワーポイントのスライドをスクリーンに投影し、会議室の前方に発表者は立ちます。そして参加者の手元には様々な資料が配られています。よくあるプレゼン風景だと思います。

しかし、意識してプレゼンをしないと参加者の視線や関心は三つに分散し、効果的にプレゼンを行うことが難しくなります。発表者がどんなに表情豊かに、声の調子を変え、戦略的に身振り・手振りを使ってプレゼンしてみても、パワーポイントのスライドを見つめていたり、参加者の視線や関心が手元の資料に向かっていたり、発表者の方を見ているようでも実は参加者自身の頭の中に意識が向かっていたりしていては、「伝える」スキルを持ってしても参加者に自分の想いを効果的に伝えることはできません。

手元に配る資料を最小限にする、思い切って何も配らない、「はい！ こちらに注目してください」と意識の切り替えをする、パワーポイントを使わない、参加者の挙動を見ながら参加者に意見を求める、参加者がメモを取る時間を意識する、などなど参加者の視線と関心がいつ発表者に向かい、いつその他の場所に向かって欲しいか、そうしたタイミングを工夫する必要があります。

まとめ

- 自分の感情や思いばかりを伝えようとする人は、しばしばコミュニケーション上の問題を引き起こしやすい。
- たとえ無意識であっても、相手にこちらの感情を汲み取ろうとする気持ちがなければ、コミュニケーションは円滑に進まない。

コラム
①

「ミラーリング」を使えば相手に好かれる？

本書を手に取られたみなさんなら、「ミラーリング」という言葉を聞いたことがあると思います。ミラーリングとは、好感を抱く人の行動を無意識にマネることです。会話相手の意見に同意していたり、その相手といること自体に心地よさを覚えるとき、私たちは相手の表情、動作、姿勢、言葉遣い、声のトーンなどを自然にマネするようになるのです。

そしてミラーリングをされた相手は、ミラーリングをしている相手に心地よさを覚えます。そう、ミラーリングには相手との絆を強化させる働きがあるのです。このミラーリングの機能を逆手にとって相手に気に入ってもらおうとするテクニックが、多くの心理学本に紹介されています。それが相手の動きを意識的にマネするというテクニックです。

この言わば意識的ミラーリングですが、一見簡単そうに思えても、言うは易く行うは難しなのです。その理由は、効果的にミラーリングを行うにはミラーリングの種類とタイミングに気を配る必要があるからです。

まず最も気をつけたいことは、何でもかんでもマネしない、ということです。主従間や異民族間でのミラーリングには特に注意が必要です。主従関係や力関係に違いがある場合、立場が上の人は、いわゆるリーダー姿勢を取る傾向にあります。この姿勢をしている人の前で同じ姿勢をマネしてしまうと、相手に気に入ってもらうどころか力関係を競い合おうとしている印象を与えてしまいます。

このように主従関係がある場合、ミラーリングをするとしたら、補完的なミラーリングをするのが適当です。相手が面積を大きく取る姿勢を取れば、自分は面積を大きく取らない姿勢を取る、ということです。こうすることで立場が強い側は、自分の立場が尊重されていると感じます。

異民族間の場合、ミラーリングをして好かれるどころか嫌われる恐れもあります。それは相手がこちらに偏見や嫌悪感を抱いている場合です。嫌っている相手が自分と同じ動きをしている、つまり、自分に同化しようとしている、こうした事態はこの関係性をますます悪化させてしまうだけです。嫌われている相手に好かれようとするならば、ミラーリング以外の方法を考えるべきなのです。

次にタイミングについてです。ミラーリングの効果が期待されるタイミングは、相手の動作の4秒後だということが研究からわかっています。早すぎても遅すぎても効果が現れにくいのです。もちろん4秒という時間を体感していなければ、そのタイミングを計ることに意識が行ってしまい、肝心の相手の言葉を理解することがおろそかになってしまうでしょう。ミラーリングがわざとらしくなってしまえば、相手は違和感を抱くでしょう。

こうして考えてみると、ミラーリングって結構難しいと思いませんか。一見、手軽ですぐに使えそうなイメージがあるミラーリングですが、正しく効果的に使うには相当トレーニングする必要があるんです。

chapter2

感情を身体で表現しよう!

いよいよ実践編です。いつ、どのノンバーバル・シグナルを、どのように表現するかについて解説します。みなさんは解説を読むだけでなく、実際に自分の顔と体を使って、「感情を身体に表す」ことを体感してください。一つひとつ、丁寧に、表情と体の動きが感情につながっていることを味わっていただきたいです。

①「表情」・「声」・「体」、表現媒体としての質と量

実際に身体を使って表現してみる前に、身体のどの部分にどんな情報が込められているのかについてノンバーバル・シグナルの質と量について解説したいと思います。

本節を理解することで、相手の感情変化の感応度が高くなります。相手の感情を敏感に察することができれば、自分の心に感情が生まれやすくなり、適切な行動や伝え方をするための心構えが整うでしょう。ここでは、表情・声・体（本書でいう体とは、顔以外の部分をさします）にわけて説明したいと思います。

表情・声・体にはそれぞれどんな情報が込められているのでしょうか。結論から先に書きま

すと、表情∨声∨体の順番で、より高い質かつより多くの情報が込められています。

たとえば商談の場面。そろそろ終盤を迎え決断というとき、商談相手の姿勢が後方に向かい、背もたれにもたれかかったとしましょう。商談相手は今、どんな気持ちでしょうか。リラックスしているのか、ネガティブな感情を抱いているのか。最終局面でリラックスする……とは考えにくい……、となるとネガティブな感情だろうか。そんな推測ができると思います。

それではそうした体の動きに加えて、低い声で「う〜ん」と言ったとしましょう。さっきよりネガティブな感情なのだろうという確信度が増しました。しかし、ネガティブな感情はたくさんあります。どんなネガティブ感情を抱いているのでしょうか。

商談相手の顔を見ると、鼻の周りにしわを寄せています。嫌悪の表情です。嫌悪という感情は不快な言動やヒト・モノが原因で引き起こされます。きっと何らかの条件が気に入らないのでしょう。そうとわかれば、契約を無事に成立させるために、どの条件が気に入らないのか慎重に聞いてみよう、そんなふうにコミュニケーションを続けることができます。

この例からわかるように、体からはポジティブあるいはネガティブといった大雑把な気持ちがわかります。表情からは体のみからではわからない細かな感情の種類や思考の過程がわかります。声は体と表情との中間です。

もう少し具体的に説明しますと、表情からは、万国共通の7感情及び準万国共通の11感情、さらに興味・関心・熟考を示す顔の動き、（ウィンクのような）顔によるエンブレムなどを読み取ることができます。声からは、万国共通の感情の怒り・恐怖・悲しみ・幸福・軽蔑と興味・熟考などを聞き分けることができます。体からは、ポジティブかネガティブかと、思考過程をある程度大雑把に読み取ることができます。

表情＞声＞体の順番で相手の細やかな気持ちがわかるのです。相手の細やかな気持ちが正確にわかればわかるほど、それに合った対応や返答の仕方を創意工夫することができます。

相手の気持ちがノンバーバル・シグナルとなって表れてくる場面は、毎日、しかも一瞬一瞬、起きています。身体のどの部分からどんな情報が発信されているか注意して観察してみましょう。自分発信の伝達力を上げようとする前に、まずは相手をよく見ましょう。相手はどんなふうに気持ちを伝えようとしているでしょうか。相手をよく見ることで、相手の感情の起伏や伝え方のクセ、伝わりやすいところ・伝わりにくいところが見えてきます。相手の気持ちの変化に敏感になり、自分の気持ちを重ね合わせることで、適切な伝え方の輪郭が見えてくるでしょう。

まとめ

●ノンバーバル・シグナルは、「表情」、「声」、「体」の順に、質が高く、情報量も多い。

②「表情」・「声」・「体」、それぞれの得意分野

普通にコミュニケーションをしていれば、表情・声・体というノンバーバル・チャンネルを通じて、濃淡のある情報がコミュニケーションをしている者同士の間で行き交います。ときに、こうした濃淡のある情報が意図したように相手に伝わらないことがあります。本節では、このコミュニケーションの行き詰まり解消法の核心を提案します。

その方法とは、伝えたいことに応じて、相手に伝わりやすいノンバーバル・チャンネルを使う、というものです。たとえば、誇りという感情は、表情で伝えたら相手に伝わりやすいのでしょうか。声でしょうか。あるいは体でしょうか。怖いという感情ならどうでしょうか。表情、声、体どこで伝えると相手に最も効果的に伝わりやすいでしょうか。

もちろん身体全体から様々な感情が表れてくるのですが、「この感情を伝えたければ、ここで表現すれば効果的に伝わりやすい」という知見が得られています。つまり、各ノンバーバル・チャンネルには各感情を伝えるための得意分野があるのです。したがって、そうした各得意分野を知り、状況に応じて使い分けることができれば、相手に適切に想いを伝えることがで

きるのです。（なお書籍という性格上、声でどう感情が伝わるかということについては扱いません。）

■得意分野とその理由

各ノンバーバル・チャンネルとその伝わり方を調査した研究によると、怒り・嫌悪・恐怖・幸福・悲しみを伝えるには、表情を使って、羞恥心・罪悪感・誇り・恥感情を伝えるには、体を使って、愛、共感を伝えるには、接触を通じて行うと相手に伝わりやすいことがわかっています。

これはなぜかと言いますと、表情で効果的に伝わる感情は、生存に必要な感情だからです。これらの感情は、生きるか死ぬかにとって大切な感情を伝えるため、伝達スピードが重要となります。そのためほんの少し表情筋を動かすだけで、すぐに重要な感情を伝えることのできる表情が使われるのだと考えられています。また感情を伝えるのに動きが少なくて済むため、残された多くのエネルギーを他の生存につながる活動（走って逃げる、有毒なものを吐き出すために水を飲む、美味しそうな匂いをヒントにして食料を探す等）に回すことができる効果もあると考えられています。

体で効果的に伝わる感情は、社会的なステイタスを表す感情です。これらの感情は、社会的なステイタスの違いを明確にするために相手に伝える必要があり、ノンバーバル・チャンネルの中でも大きな動作を伴う体が使われるのだと考えられています。また伝える対象が一人だけとは限らないため、一度に多くの人々にその差異を伝えられる効果もあります。

接触で効果的に伝わる感情は、親密さを表す感情です。これらの感情は、将来の協力関係やストレスに関連しています。接触するという行為によってストレスが低減したり、親密度が高まるということが知られています。

いかがでしょうか。それぞれの得意分野を最大限に活かせるように、いよいよ次節から表現力を磨くトレーニングに入ります。

まとめ

●ノンバーバル・チャンネルには得意分野があり、表情は瞬間的な感情、体は社会的ステイタスが関わる感情、接触は親密さを表す感情が、最も効果的に伝わる。

③ 表情づくりのトレーニング

ここからは、表情を使って感情を表すトレーニングを行います。ある表情が上手く作れなかったら、飛ばして次の表情に進んでください。色々な表情筋を動かすうちに最初は作るのが難しい表情でも作りやすくなるでしょう。またトレーニングをするときは、実際の場面で自身が普段表現するより大げさに、表情筋の可動域を大きく、やわらかくするイメージで動かしてください。さぁ、鏡を前にしてスタートです。

※表情の順番は、難易度順に並べました。順を追うごとに難しくなっていきます。それぞれの表情について、特徴、原因、作り方、見え方、使いどころを説明します。難易度の星は3段階で表しています。

Ⅰ．中立顔【難易度：☆☆☆】

特徴

表情筋の動きがないことが特徴です。いわゆる「真顔」です。

原因

感情が何も湧き起こらず、何も考えていないときに生じる表情です。

作り方

顔の力を抜きましょう。ぼーっとするイメージです。

見え方

美容整形手術や化粧を施していない限り、私たちの顔というのは微妙に左右非対称にできており、よく観察すると左右非対称の程度がわかります。また、遺伝の影響もありますが、どんな人生を送ってきたか、言い換えるならば、どんな感情を日々抱いて過ごしているかによって、その感情に関連したしわや表情筋の偏りなどが顔に刻み込まれています。典型的な例をいくつかご紹介します。

●左右対称な顔

顔が左右対称であるほど、美しく見えます。

●目じりにしわがある顔

笑っているように見えます。

●眉間にしわがある顔

怒っている、または厳しい顔つきに見えます。

●目が細い顔

笑っているように見えます。

●目が大きい顔

驚いているように見えます。

●眉がハの字の形をしている顔

悲しんでいる、または弱々しく見えます。

●眉が逆ハの字の形をしている顔

怒っている、または厳しい顔つきに見えま

【中立顔　図解】

す。

その他個々人の中立顔は千差万別なので、「どう見えるか？」ということについて断定的な答えはありません。しかし、男女の違いという大きな枠組みで言えば、中立顔の男性は怒っているように見え、中立顔の女性は驚いているように見える傾向にあることがわかっています。

使いどころ

無関心を伝えたいとき、自分の感情の年輪を見つめたいとき、自分の素の印象を見たいとき、など。

II．興味・関心　【難易度：★☆☆】

特徴

● 眉が引き上げられる
⇩額に水平のしわができます。
● 目が見開かれる

⇩強膜（目の白い部分）の上部が現れます。

●口が開かれる

という動きのコンビネーション、あるいはどれか一つの動きが生じます。

原因

情報検索を必要としているときに生じる顔の動きです。

作り方

一つの動きを行うとすべての動きが連動してしまうかもしれませんが、一つひとつの表情筋を意識して練習しましょう。

●**眉**

中立顔のときの眉の形と変わらないように注意しながら、眉を上に引き上げてください。上

【興味・関心　図解】

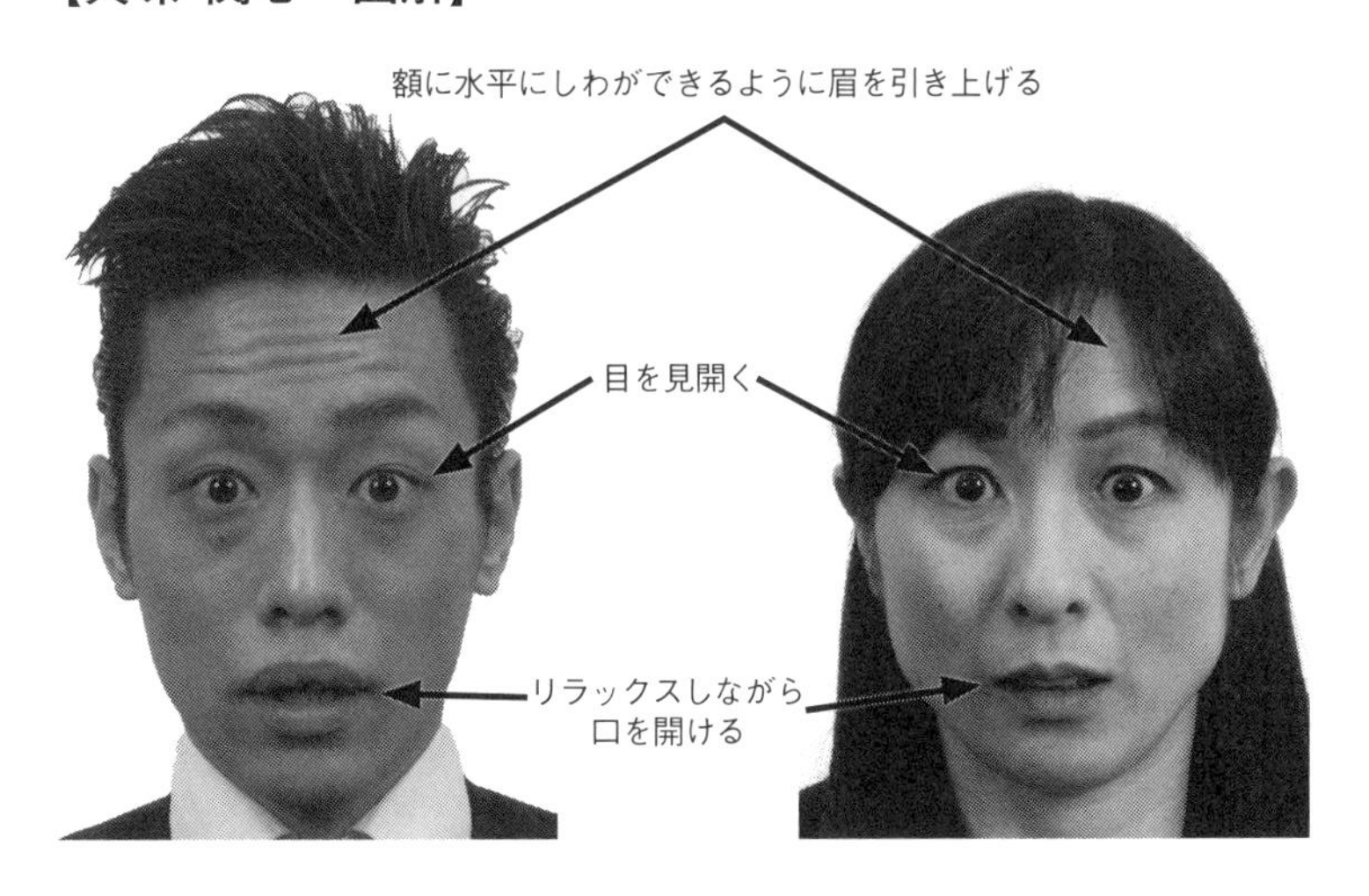

手くいけば、弓型の眉を保ったまま眉が上に引き上げられた状態になります。眉間に力が入ってしまうと鉤形（かぎがた）となってしまい、恐怖を意味する眉となってしまいます。

●目

正確には上まぶたを引き上げる動きです。この動きのみを行うのはやや難しいでしょう。上まぶただけを引き上げようとしても眉も一緒に引き上げられてしまうと思います。慣れないうちはおでこを押さえ、眉の動きを封じ、上まぶただけを引き上げてみましょう。上手くいけば、強膜の上の部分が露出します。

●口

上下に開けてください。

【興味・関心　強度別】

強い

弱い

興味・関心の程度に応じて、「眉を引き上げる」＋「目を見開く」＋「口を開く」の動きの強度を調節します。最も興味・関心の程度が強い場合は、すべての表情筋の動きを連動させながら、それぞれの表情筋の動きを目いっぱい動かします。長い時間その動きを保つほど、興味・関心度が強いことを伝えることができます。最も興味・関心の程度が弱い場合は、どれか一つの表情筋を少しだけ動かします。

見え方

なべて興味・関心を持っているように見えます。ただし、あまりに過度にこの顔の動きをすると「わざとらしい！」と思われる可能性があります。

本当に興味・関心を抱いている人というのは、情報を検索する行動を取ります。たとえば、あなたが話の聞き手で興味・関心の顔をする状況なら、「なるほど！」「それは興味深いですね」という言葉とともに興味・関心が満たされるまで相手の話をよく聞く、興味・関心が満たされなければ質問する、という行動につながるのが普通です。顔の動きとともに情報を検索するという行動が伴っていなければ、わざとらしく見えてしまいます。

使いどころ

聞き手：相手の興味・関心に共感を示したいとき、「面白い！」「その話、もっと聞きたいですよ」と伝えたいとき、など。

話し手：言葉にリズムをつけたいとき、単語やフレーズに注意喚起したいとき、「これキーワードです」「この話、注目ですよ！」「凄いでしょ！」と伝えたいとき、など。

Ⅲ. 驚き【難易度：★☆☆】

特徴

動き自体は、興味・関心を表す顔の動きと同じです。

原因

興味・関心と同じく、情報検索の必要性から生じます。

作り方

表情筋の動かし方は興味・関心を表す顔の動きと同じですが、驚きを表情に表す努力をする場面はほぼ皆無と言えます。その理由は、心から湧き出てくる驚き感情はとても瞬間的なもので、１秒以内の現象であるため、「驚きを伝える」という作為は必要なく、驚けば自然に驚きの表情になるからです。驚きに関しては、伝えようとせず、自然に任せた方がよいでしょう。

見え方

驚いているように見えます。意図的に驚き表情を作ろうとすると、どうしても1秒以内の瞬発性が失われ、わざとらしい印象を与えてしまうでしょう。

使いどころ

聞き手：軽い程度の興味・関心を伝えたいとき、など。

話し手：話の途中で何か思い出したことを伝えたいとき、など。

Ⅳ．軽蔑　【難易度：★☆☆】

特徴

●片方の口角が引き上げられる

⇩口角が動いた側のホウレイ線のしわだけが深く刻まれます。人によっては、エクボが現れる場合もあります。

原因

優越感を抱いているとき、他者を見下しているときに生じる表情です。

作り方

左右どちらかの口角を引き上げてください。

見え方

他者をバカにしているように見えます。もっと広い意味で言うと、他者にネガティブな印象を与えます。幸福表情のところで改めて解説しますが、愛想笑いをするとき、私たちの口角は左右非対称に引き上げられる傾向にあるため、軽蔑しているように見えてしまうことがあります。自然な幸福表情を作る努力とともに軽蔑表情の特徴を押さえ、他者に誤解を与えないようにしましょう。

使いどころ

聞き手：相手を見下していることを伝えたいとき、相手より自分が優位にあるこ

【軽蔑　図解】

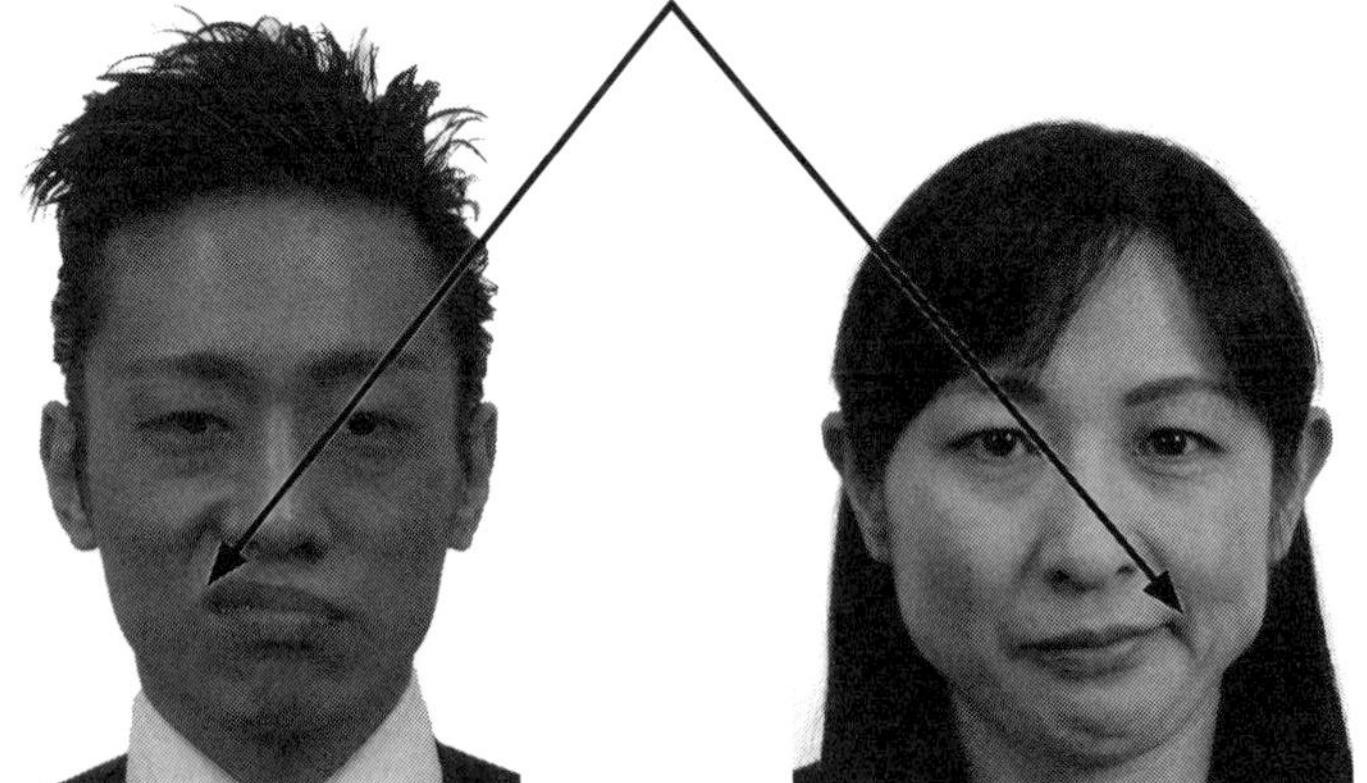

とを伝えたいとき、など。

話し手：相手を見下していることを伝えたいとき、自分には能力があることを伝えたいとき、相手が道徳的に間違っていることを伝えたいとき、など。

V. 嫌悪　【難易度：★☆☆】

特徴

❶鼻の周りあるいは鼻そのものにしわが寄る

❷上唇が引き上げられる

⇩上唇の形が台形となり、ホウレイ線の形が釣り鐘形になります。

❸下唇が引き下げられる

❶～❸のコンビネーション、あるいは❷＋❸のコンビネーション、もしくは❶か❷の単独の動きが生じます。

原因

不快なヒト・モノ・言動を感じたときに生じる表情です。

作り方

冷蔵庫の奥底に眠っている賞味期限切れの腐ったものの臭いを嗅いだ場面を想像してみましょう。そのときの表情が嫌悪です。全体像がイメージできたところで個別に練習しましょう。

●鼻

鼻の周りあるいは鼻そのものにしわを寄せ、鼻に横じわが寄るようにしてください。このとき眉が若干下がります。しかし、この眉と熟考のときの眉、つまり眉が中央に引き寄せられる動きとは違うことに注意してください。鼻の周りにしわを寄せるときに眉が中央に引き寄せられてしまうと、嫌悪と怒り、あるいは、嫌悪と

【嫌悪　図解】

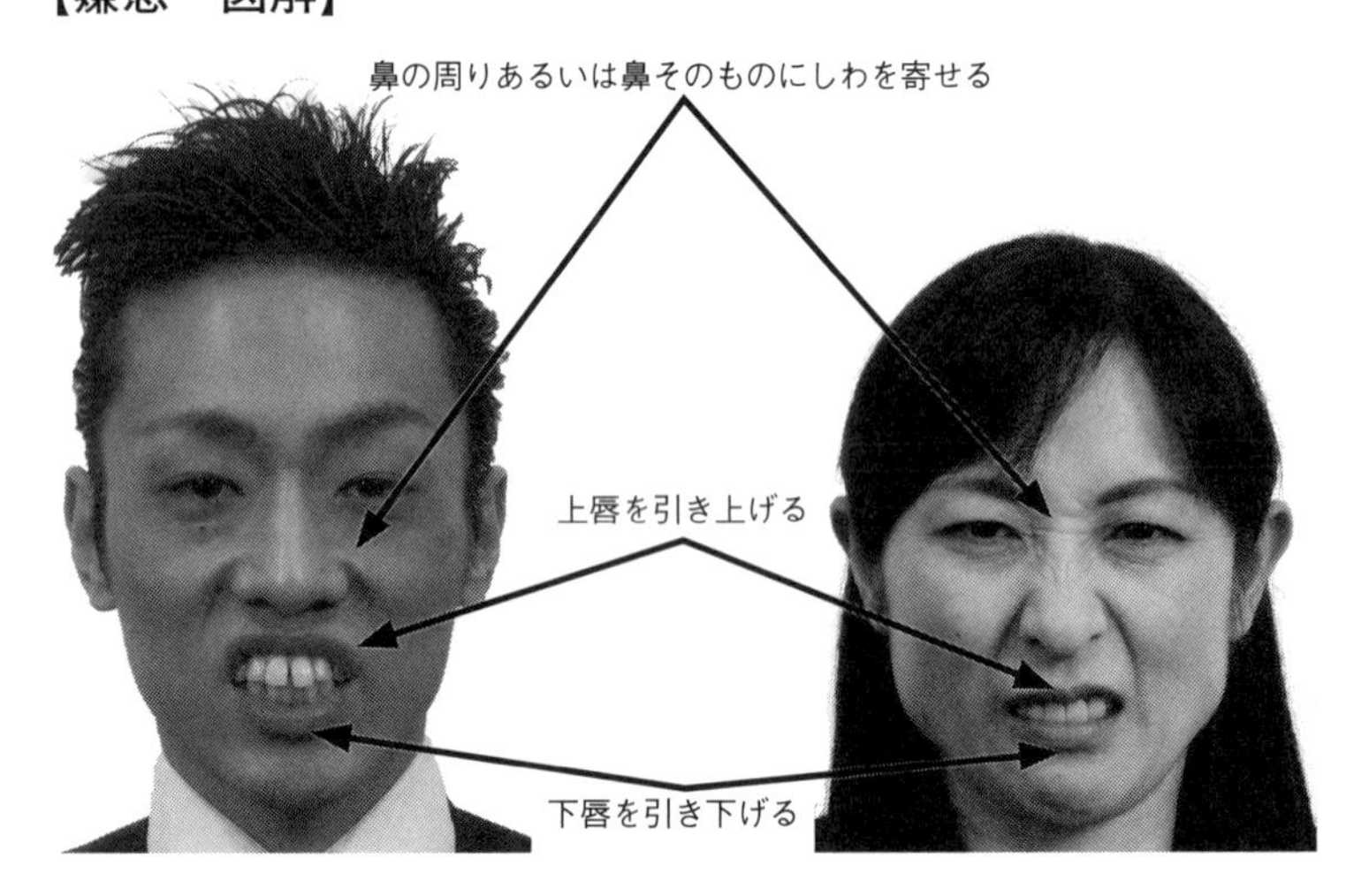

熟考の混合表情を意味してしまいます。

●上唇

上の前歯を外から見えるようにさせながら、上唇の形が台形になるように引き上げてください。ホウレイ線の形が釣り鐘形になれば成功です。

●下唇

下の前歯を外から見えるようにさせながら、下唇の形が逆台形になるように引き下げてください。鏡を見ながら下の前歯をつまようじで掃除するイメージです。

嫌悪を伝える程度に応じて、嫌悪に関わる表情筋の動きの強度を調節してください。

見え方

概ね、嫌悪感を抱いているように見えます。しかし、怒りと混同されてしまうこともあります。非行少年が他人の表情をどう見ているかを調査した研究によると、非行少年は嫌悪表情を怒り表情と取り違える傾向にあることがわかっています。怒り表情は他者に恐怖を与えます。通常、私たちは怒り表情から「攻撃するぞ」というメッセージを読み取るからです。非行少年は友達の「嫌」という嫌悪のメッセージを「攻撃するぞ」という怒りのメッセージと取り違えることにより、友達から「攻撃」される前に自分から攻撃しようと思い、暴力行為に至ってしまうのかもしれません。

使いどころ

聞き手：相手の嫌悪に共感したいとき、「それは嫌ですね」「残念ながらそうなんです」「その意見は受け入れたくありません」と伝えたいとき、など。

話し手：嫌だった思い出や嫌悪を伝えたいとき、など。

Ⅵ．熟考 【難易度：★☆☆】

特徴

●眉が中央に引き寄せられる

⇩眉間に縦あるいは45度のしわ、もしくはその両方ができます。

●まぶたに力が入れられる

⇩目の下にしわができ、目が細くなります。

●唇が上下からプレスされる

⇩唇を囲うように縦のしわができ、唇の赤い部分の面積が小さくなります。またホウレイ線の下の部分の線が深くなり、アゴに梅干し状のしわが生じることもあるでしょう。という動きのコンビネーション、あるいはどれか一つの動きが生じます。

原因

熟慮を必要としている、頭がいっぱいいっぱい、何かを我慢しているときに生じる顔の動きです。

作り方

熟考の顔の動きを簡単に行うには、本当に熟考をすればよいのです。鏡を見ながら次の問にちゃんと答えてください。

「3日前の朝・昼・夜、何を食べましたか？」

「1年前のあなたの誕生日、午前中に何をしていましたか？」

「7＋15－11×8＝？」

鏡に写っているその顔の動きが熟考です。

それでは、全体イメージをつかめたところで個別の動きを練習しましょう。唇を上下からプレスさせる動き以外、簡単に作ることができるでしょう。

●眉

中央に引き寄せながら、力を入れてください。上手くいけば、眉間にしわができます。

●まぶた

力を入れてください。遠くにある不明瞭な何かをよく見ようと確認するイメージです。日が悪い人が遠くの物を見ようとしているとき、この顔の動きをしています。

●唇

上下から均等に力を入れプレスしてください。下唇を押し上げる力が上唇を押し下げる力に勝ると悲しみ表情になってしまいます。また、唇をプレスするときは唇を巻き込まないように注意してください。

【熟考　図解】

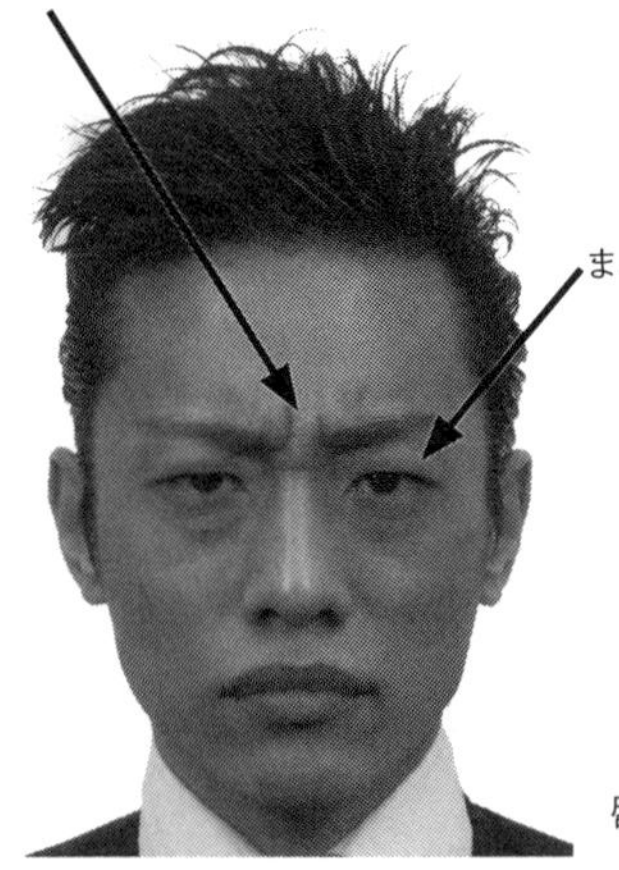

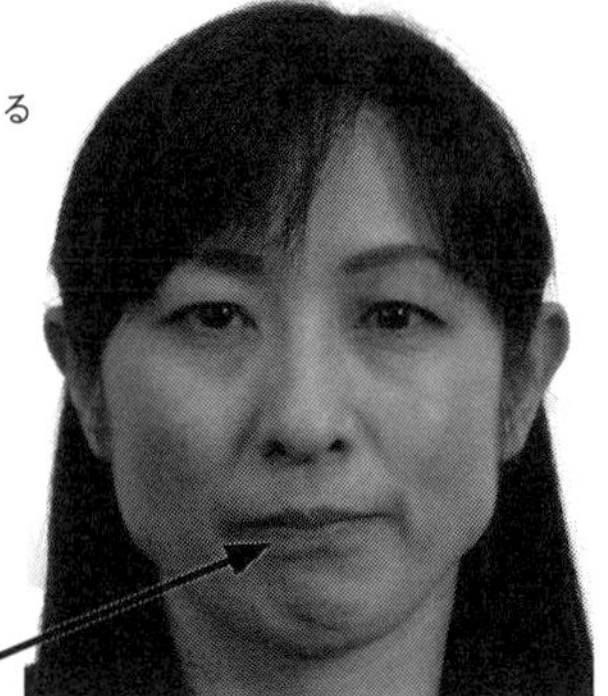

熟考の程度に応じて、「眉を中央に引き寄せる」＋「まぶたに力を入れる」＋「唇をプレスする」の動きの強度を調節します。最も熟考の程度が強い場合は、すべての表情筋の動きを連動させながら、それぞれの表情筋の動きを目いっぱい動かします。長い時間その動きを保つほど、熟考度が強いことを伝えることができます。最も熟考の程度が弱い場合は、「眉を中央に引き寄せる」もしくは「唇をプレスする」動きのどれか一つの表情筋を少しだけ動かします。単独で「まぶたに力を入れる」動きだけをすると、軽蔑のシグナルとして誤解される可能性があります。

見え方

熟考の顔の動きは、よく怒り表情と取り違え

【熟考　強度別】

中

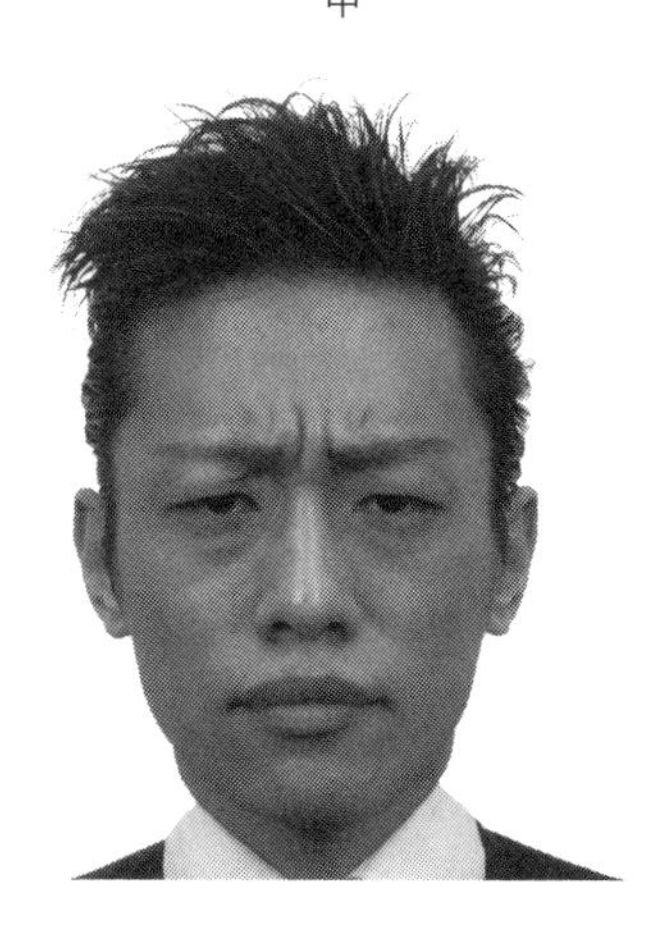

弱い

られてしまいます。心当たりのある方も多いと思います。特に地位の高い方がこの熟考の顔の動きをしていると、怒り表情に誤解されやすい傾向にあるようです。誤解を生む理由は二つ考えられます。

一つは、熟考の顔の動きを作る表情筋と怒りの表情筋とに多くの共通項があるため、怒り表情に見えてしまいやすいからです。もう一つは、地位の高い人は低い人に比べて怒りを抑制しなくてもよい場面が多く、地位の低い人たちは、熟考も怒りも同じものだと仮定し、常に怒りに対処できる準備をしていた方が無難だと捉えるからではないかと考えられます。

それでは、他者に怒りではなく熟考を誤解なく伝えるには、どうしたらよいのでしょうか。それは熟考に関わる表情筋をあまり強く動かさない、もし強く動かすとしても「眉を中央に引き寄せる」動きと「唇をプレスする」動きを同時に行うのではなく、どちらか片方の動きに限定し、表情筋の動きとともに「う〜ん」「難しいですね」という言葉を添えるとよいでしょう。

使いどころ

聞き手：真剣な印象を与えたいとき、相手の熟考に共感を示したいとき、「今、考えています」「真剣に聞いています」「その話、もっと慎重に聞く必要があります」「その話、難しいです」「質問させてください」と伝えたいとき、など。

話し手：話にリズムをつけたいとき、「今、難しい話をしています」「慎重に聞いてください」「ここの話、とても重要です」と伝えたいとき、など。

Ⅶ．怒り　【難易度：★★☆】

特徴

❶眉が中央に引き寄せられる
❷目が見開かれる
❸まぶたに力が入れられる
❹唇が上下からプレスされる
❺唇に力が入れられている状態で口が開かれる
⇩歯が露出し、唇の形が四角になります。
❶〜❹あるいは❶〜❸＋❺のコンビネーション、または❶〜❸のコンビネーション、❶＋❸のコンビネーション、❶単独、❹単独、これらのいずれかの動きが生じます。

原因

不正義な出来事や目標到達を阻む障害を感じたときに生じる表情です。

作り方

教育や交渉時の必要性から怒り表情の演技が必要になることがあります。しかし、大方の反応としては「怒り表情の作り方を学ぶ必要ってあるの？」というものかもしれません。怒りを抱くような状況が生じれば、私たちは自然にかつ容易に怒りを抱きます。逆にアンガーマネジメントという手法があるくらい、怒りを昇華したり、怒りの気持ちを抑えることは難しいのです。

そうした中、なぜなのかというところなのですが、実は怒り表情の作り方を学ぶことは怒り表情の抑制に通じるからなのです。怒り表情に限った話ではありませんが、表情筋の動きを自由に動かすことができると、その表情筋に関わる感情が生じたとき、その表情が顔に出ないようにすることができることが知られています。怒り表情を完璧に作ることができれば、怒りが生じても怒りに関連する表情筋のコントロールが可能なので、怒りの感情を顔に出さないようにすることができるのです。

怒り表情の作り方は、熟考を表す顔の動きと基本的に同じです。満面の怒りを表すには、熟考を表す顔の動きに「目が見開かれる」＋「唇に力が入れられている状態で口が開かれる」動きがコンビネーションに加わります。

●**眉**
中央に引き寄せる。熟考と同じです（P94参照）。

●**まぶた**
力を入れる。熟考と同じです（P94参照）。

●**唇**
プレスする。熟考と同じです（P94参照）。

●**目**
見開く。興味・関心と同じです（P84参照）。

●**唇**
力を入れながら口を開けます。犬歯を見せる

【怒り　図解】

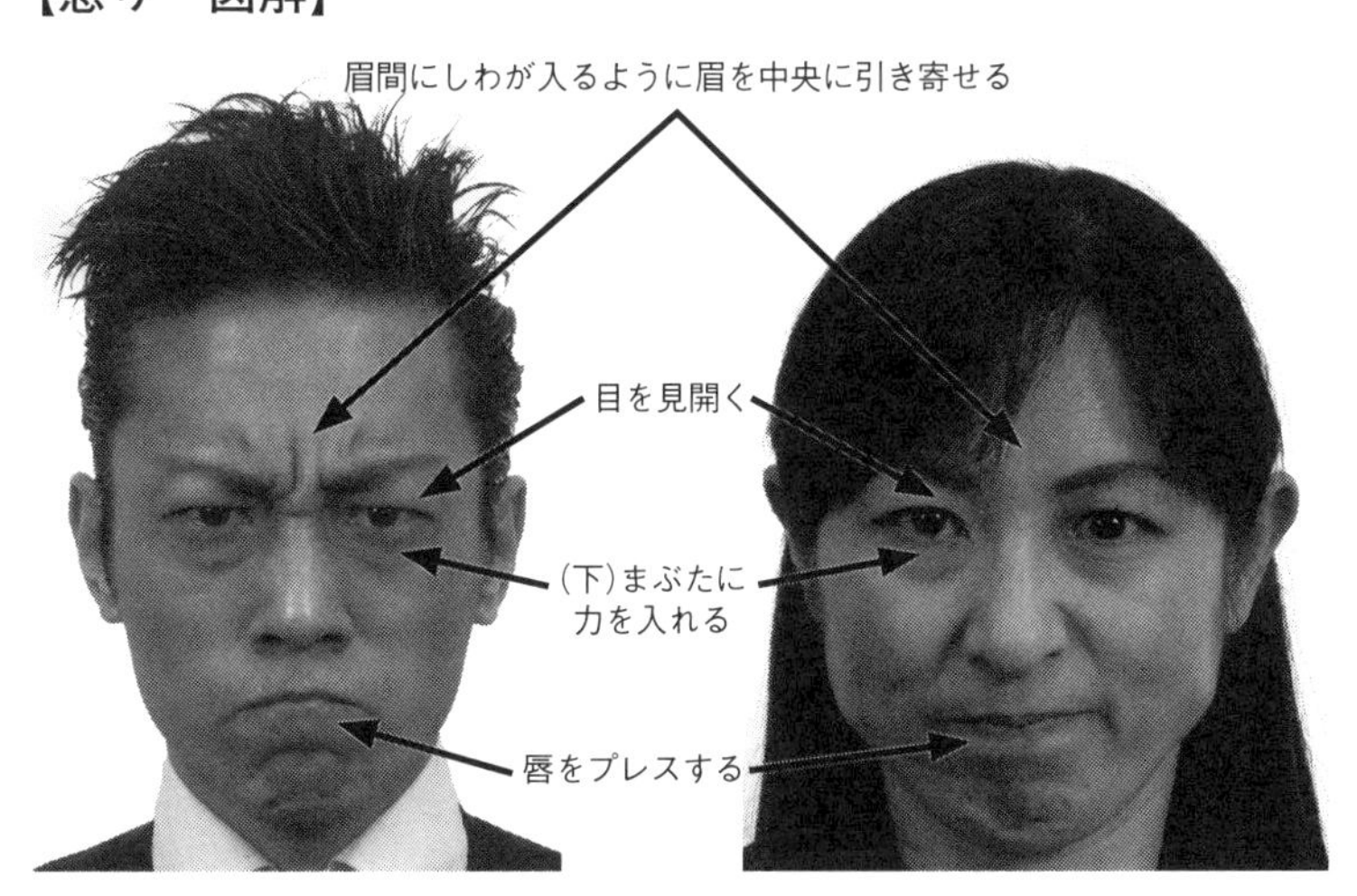

ように口を開きます。唇を口の内側に巻き込むようにしながら行うのがポイントです。唇の赤い部分の面積が小さくなります。

怒りを伝える程度に応じて、怒りに関わる表情筋の動きの強度を調節してください。強い怒りほど、すべての表情筋が連動し、強い表情筋の動きとして表れます。

見え方

熟考と似ていますが、逆の場合と違い、怒りを熟考だと間違われることはあまりありません。

使いどころ

聞き手：相手の怒りに共感したいとき、「それは違う！」「そうは思わない！」「話が長い！」「イライラしています」と伝えたいとき、など。

話し手：相手に怒りを伝えたいとき、相手に恐怖を与えたいとき、など。

Ⅷ．恐怖 【難易度：★★★】

特徴

●眉が引き上げられる
●眉が中央に引き寄せられる
　⇩額に波状のしわができます。
●目が見開かれる
●まぶたに力が入れられる
●口角が水平に引かれる
⇩唇が水平に引き延ばされ、唇の赤い部分の面積が小さくなります。
●口が開かれる

　という動きのコンビネーション、それぞれの動きのいくつかのコンビネーション、それぞれの単独の動きが生じます。

原因

危険を察知したときに生じる表情です。

作り方

「口角が水平に引かれる」動き以外、個々の顔の動きはここまでの段階ですでに習得されているでしょう。しかし、恐怖表情を適切に表現するには個々の顔の動き以上にコンビネーションが重要になります。恐怖表情は、単独の動きだけで表れると驚き表情と混同されることが多く、相手に適切に伝わりにくいからです。

●口

口角を水平に引きつつ、口を開けます。小さいころ、友達とケンカするときに言葉を発した情景を思い出してください。「い～だ！」と言いながら口角を水平に引き、目をぎゅっと結んだ表情をしませんでしたか？　そのときの口の

【恐怖　図解】

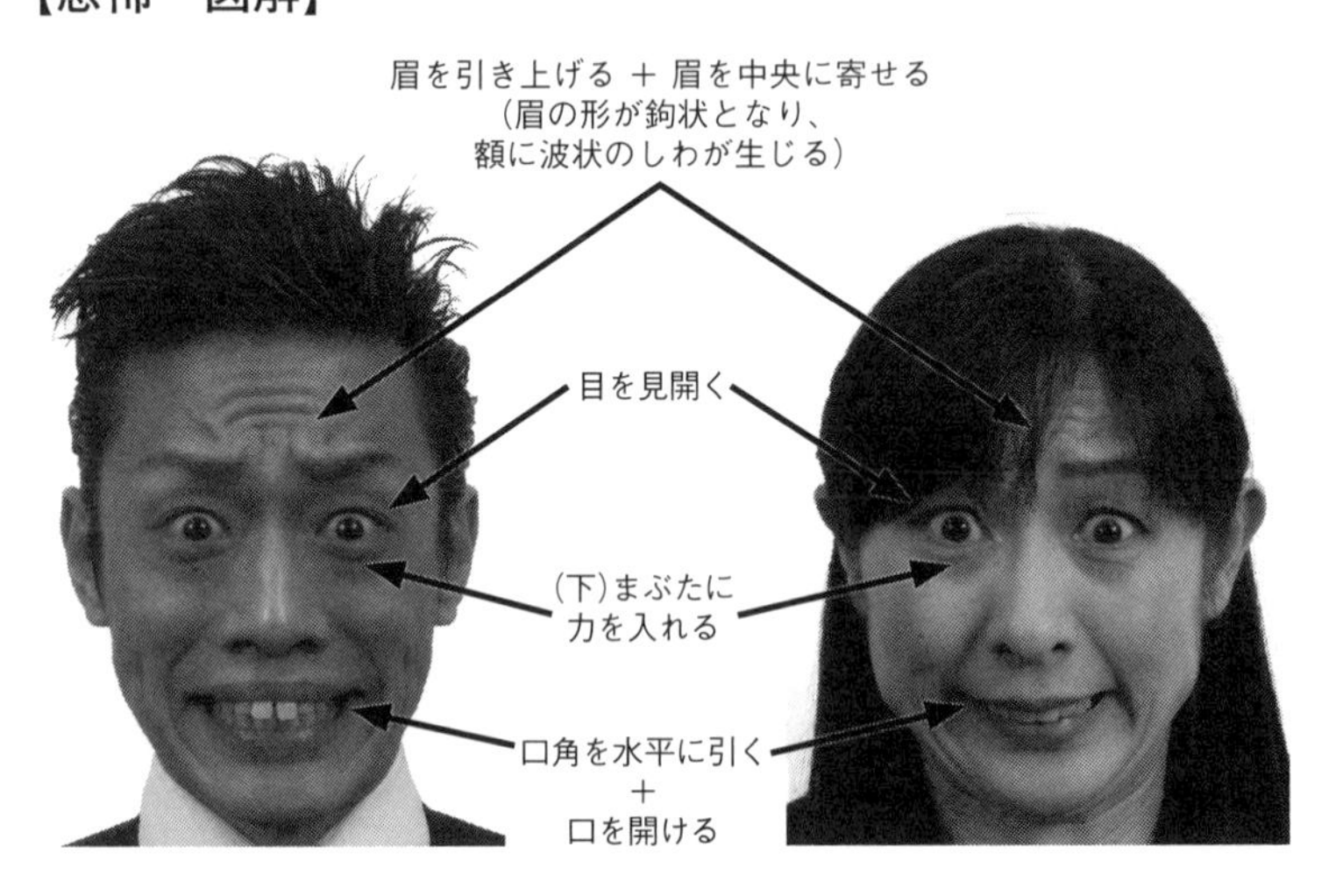

動きがこの動きです。口を開け、歯を食いしばり、口角を水平に引いてください。

●眉

眉を上げながら、中央に引き寄せます。この動きを同時に行うのは難しいです。まずは眉を引き上げてください。その状態を保ちながら、眉間に力が入るように眉を中央に引き寄せてください。このとき、引き上げた眉が多少下に下がりますが、それは気にしなくてＯＫです。眉が鉤形になり、額に波状のしわが形成されていれば完成です。興味・関心のときのように額に水平のしわが全体に広がっていたらＮＧです。慣れてきたら、二つの動きを同時にかつ瞬時にできるように練習しましょう。

【恐怖　強度別】

中程度

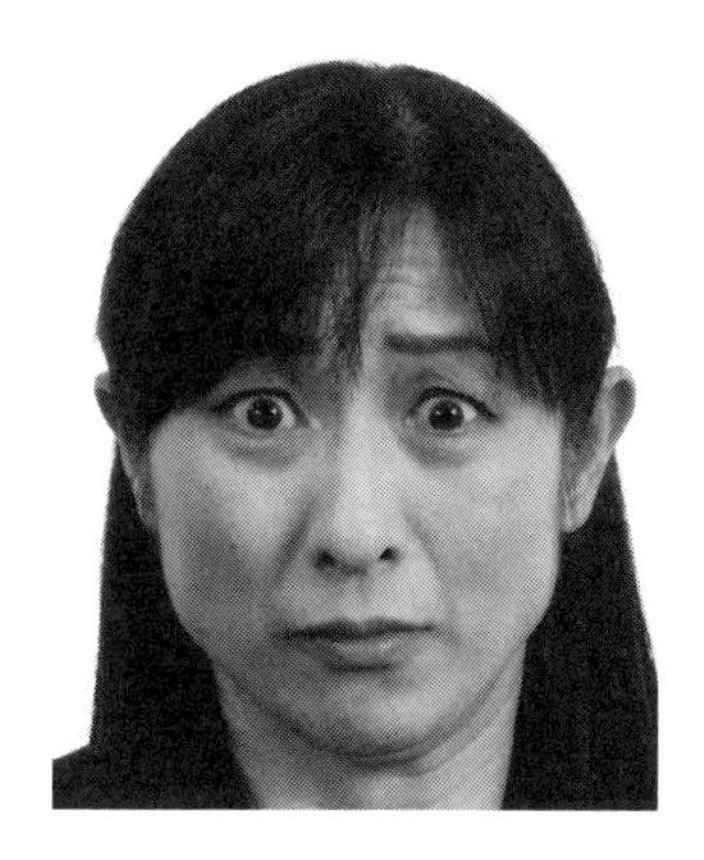

弱い

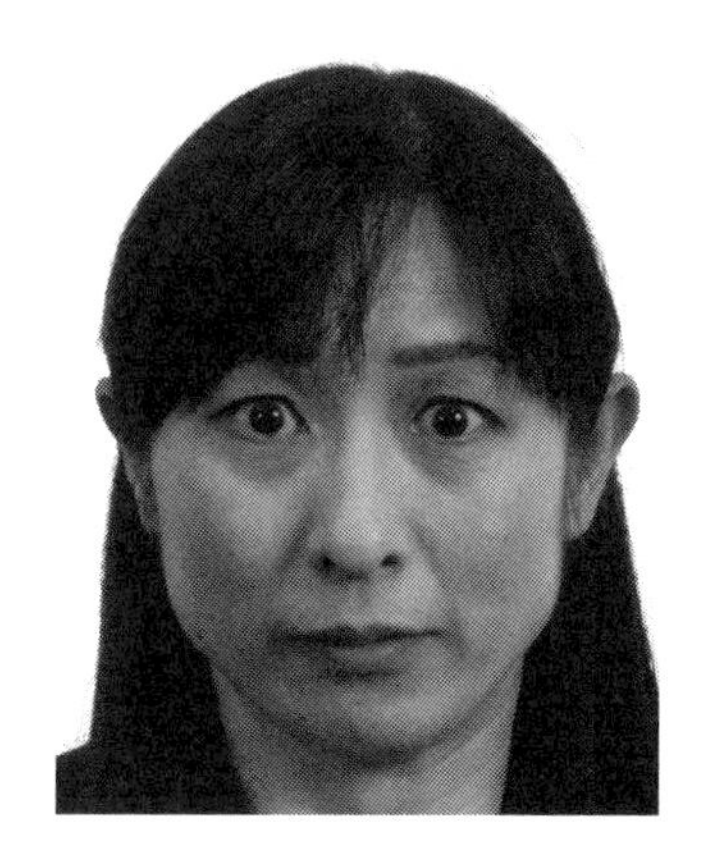

●目

目を見開き、まぶたに力を入れます。この動きも同時に行うのは難しいです。上まぶたを引き上げた状態を保ちながら、下まぶたに力を入れます。この動きを同時に行います。強膜の上の部分が露出し、虹彩の下の部分が下まぶたで隠された状態が保てていれば、ＯＫです。

上記の作り方の指示通りに行ってできた恐怖表情は強度が強く、実際の場面でこの表情をそのまま表現することは皆無だと思われます。実際の場面では、額に波状のしわが出るか出ないかくらいの弱～中程度の強さで表現することが必要となると思います。前ページの図を見ながら、恐怖表情の強度を調節してみてください。

見え方

驚き表情と混同されることがあります。特に、アメリカ人と比べて私たち日本人は恐怖表情を驚き表情と見間違えてしまう傾向にあります。諸説ありますが、アメリカと比べて安全な日本では、他者の恐怖表情を見る機会が少なく、恐怖表情シグナルに対して自分の安全を守るという行動を取る頻度も少ないため、恐怖と驚きとを区別する能力が低下したのではないかと考えられています。相手が恐怖を驚きと取り違える可能性が高そうだと思われる場合には、恐怖・心配・不安・懸念を抱いていることを言葉を添えて表情で表現するとよいでしょう。

使いどころ

聞き手：相手の恐怖を共感したいとき、誰かに守ってもらいたいとき、怒っている相手に対して「あなたの怒りを受け止めています」と伝えたいとき、「危険な状態です」と伝えたいとき、など。

話し手：怖い話をしているとき、懸念事項を伝えたいとき、恐怖を伝えたいとき、など。

Ⅸ．悲しみ　【難易度：★★★】

特徴

●眉の内側が引き上げられる
⇩眉はハの字になり、額に山状のしわができます。
●口角が引き下げられる
⇩ホウレイ線が下方へやや引き延ばされ、しわが濃くなります。
●下唇が引き上げられる

⇩アゴに梅干し状のしわができます。
という動きのコンビネーション、あるいはそれぞれ単独の動きが生じます。

原因

大切なモノ・人・コトを失うときに生じる表情です。

作り方

悲しみ表情を形成する三つの表情筋の動きのうち、「眉の内側が引き上げられる」と「口角が引き下げられる」動きは意図的に作ることが難しいことがわかっています。特に「眉の内側が引き上げられる」動きの有無から、ウソ泣きと真実の悲しみとを区別することができると言われているくらい、悲しみのハの字眉を作ることは難しいのです。したがって、悲しみの表情を作ろうとするときは、なるべく、悲しい状況を思い出しながら行うことをオススメします。

●眉

眉の内側に意識を集中して、引き上げてください。眉間に力を入れると行いやすいです。また自分の指を眉間の1㎝くらい上に置き、そこからその下にある筋肉ごと上に引き上げてみてください。ハの字眉が作れるでしょう。なお元々の眉の形状、特に中立顔の眉の形が逆ハの字状に角度が険しい場合、ハの字眉にならない場合があります。

●口

口角を引き下げます。この動きだけを単独で行うのは困難です。下唇を引き上げる動きと同時に行う、あるいは、自分の指で口角を下げてみるとよいでしょう。

●唇

下唇を引き上げる。この動きは容易です。

悲しみを伝える程度に応じて、悲しみに関わる表情筋の動きの強度を調節してください。悲しみ表情の強度について「これこそ、状況にあった適度な強さの悲しみ表情だ！」と思った瞬間があります。ホテル滞在中にホテルの備品

【悲しみ　図解】

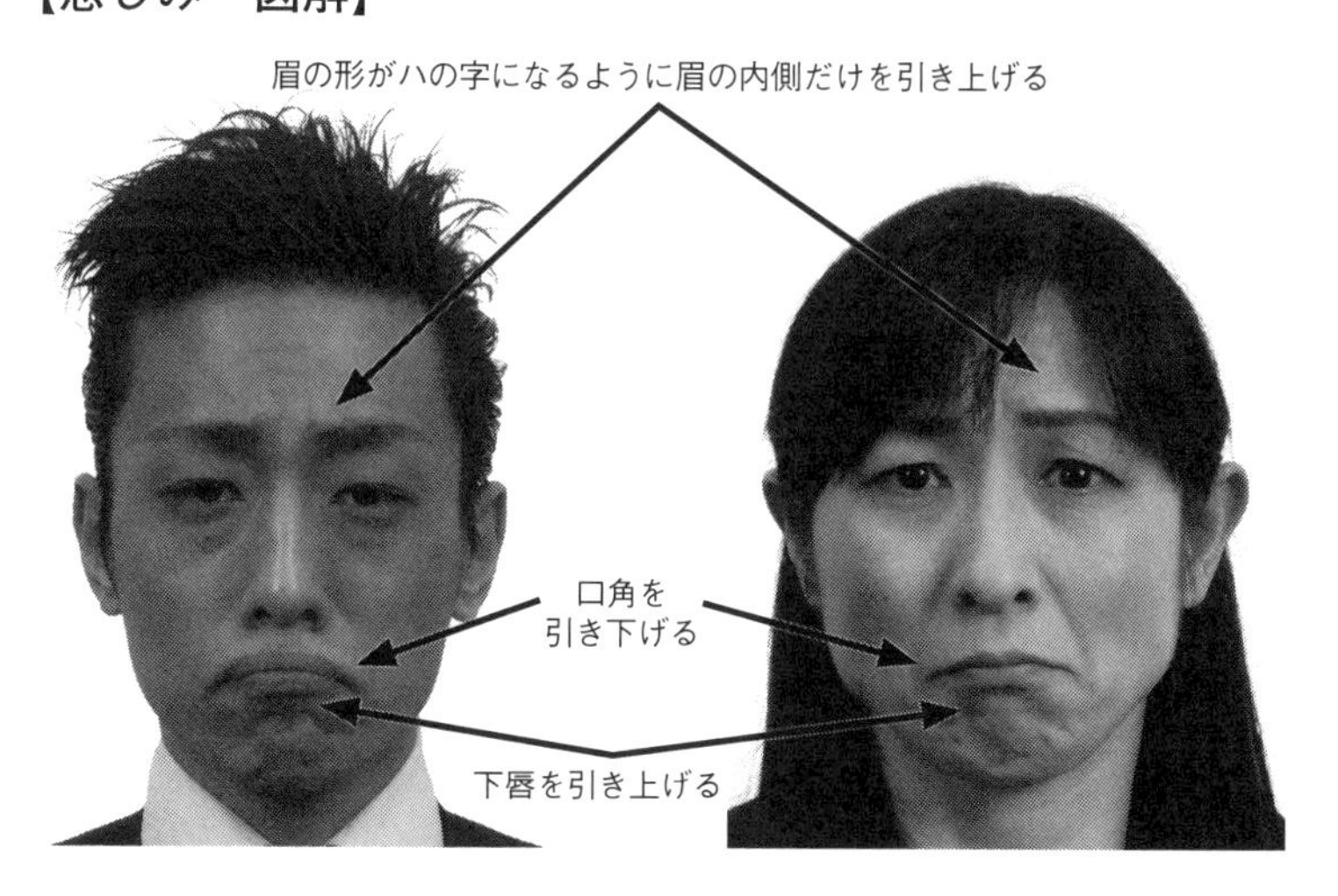

の一部が使いにくいことがありました。交換して欲しい旨をホテルのフロントの方にお願いしたところ、弱い悲しみ表情を浮かべ、「申し訳ありません。すぐに交換いたします」と対応していただきました。

このときの悲しみ表情が、下図の弱い悲しみ表情のようだったのです。もしこの状況で強い悲しみ表情を浮かべられたら、逆にこちらが申し訳なくなってしまっていたことでしょう。状況に応じて、このケースで言えば、申し訳なさの程度に応じて、悲しみ表情の強度をコントロールすることが大切なのです。

見え方

悲しみは、他の感情と誤解されることはなく、悲しそうに見えます。

【弱い悲しみ表情】

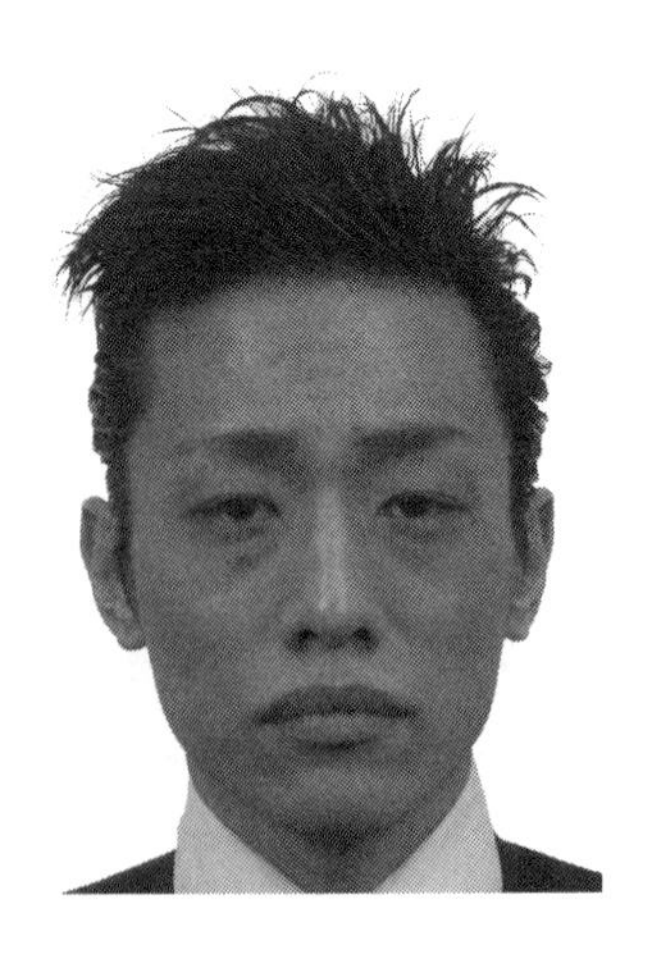

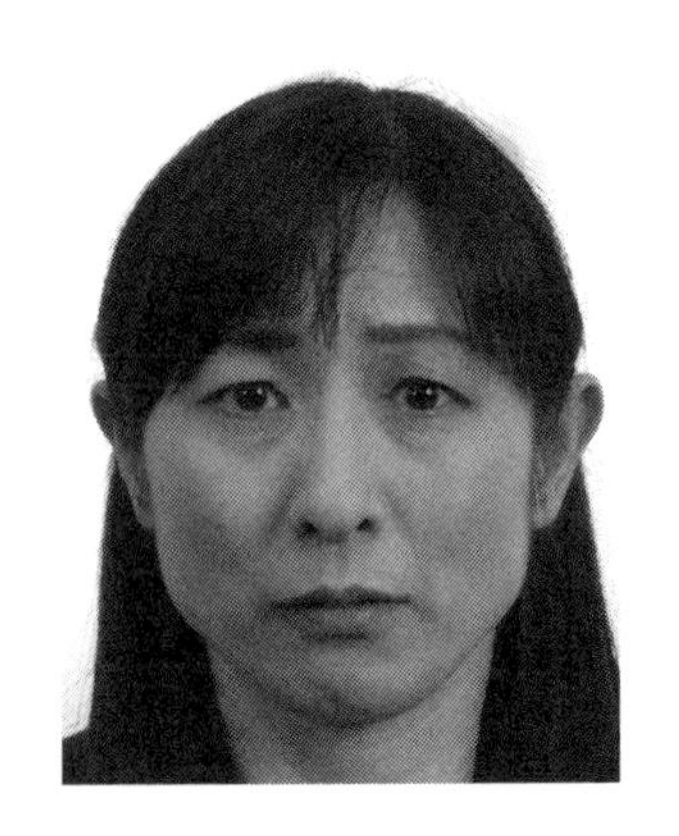

使いどころ

聞き手：相手の悲しみに共感を示したいとき、「その話、悲しいね」と伝えたいとき、など。

話し手：相手に謝罪の意を伝えたいとき、相手に助けてもらいたいとき、など。

X．幸福　【難易度：★★★】

特徴

❶頬が引き上げられる

⇩目じりにしわができます（笑いじわ、カラスの足跡などと呼ばれるもの）。

❷口角が引き上げられる

⇩ホウレイ線が斜め上に広がり、線が濃くなります。

❸口が開けられる

という動きのコンビネーション、❶＋❷のコンビネーション、❷単独の動きが生じます。

原因

楽しいとき、心地よいとき、安堵したとき、モチベーションが刺激されたときに生じる表情です。いわゆる「笑顔」です。

作り方

幸福表情は最も簡単に見えて最も難しい表情です。正確に言えば、幸福表情を真実の幸福表情と変わらないくらい意図的に作ろうとすることは難しいのです。その理由は、私たちが真実の幸福表情と作られた幸福表情とを見分けるのが得意だから。私たちは、誰に教わることなく、作られた幸福表情を前にすると「なんか、おかしい」と感じるものです。ウソ笑いは意外なほどバレやすいのです。

したがって自然な幸福表情を見せる必要がある場面では、本当の幸福感情が少しでも心に呼び起こされている、あるいは心地よい気分が下地としてあることが必要となります。こうした

【幸福　図解】

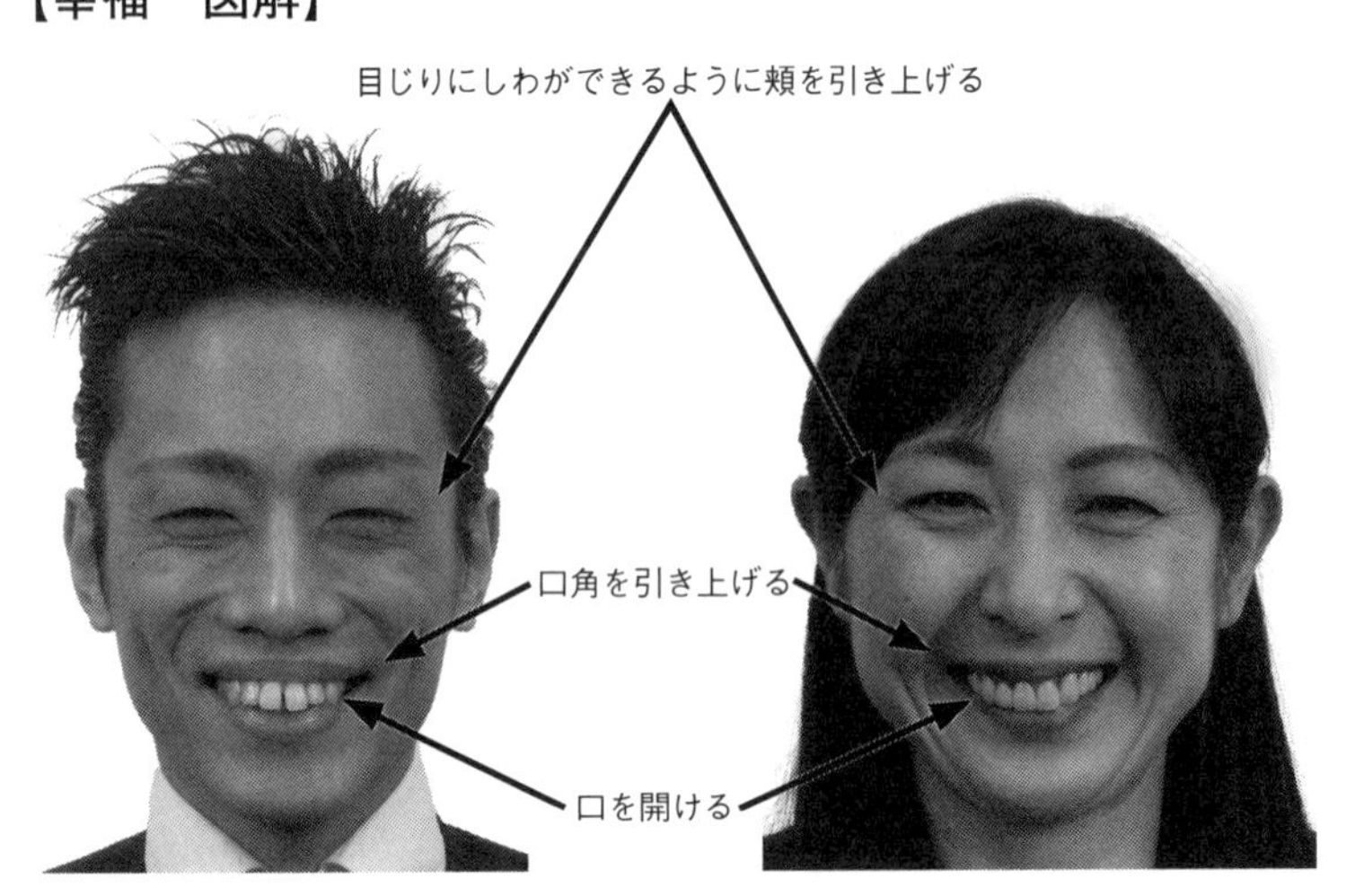

ことを前提に幸福の表情筋を動かすことで幸福の灯を大きくできるように練習しましょう。

●頬

引き上げます。正確に言うと、眼輪筋を動かす動きですが、この動きを単独で意図的に動かすことはできないでしょう。口角を引き上げる動きを目いっぱい行うことで、この動きが連動して起こります。

●口

口角を引き上げます。左右対称に引き上げるのがポイントです。左右非対称に引き上げてしまうと軽蔑やネガティブな印象を与える表情となってしまいます。また、口を開けます。口角を上げる動きに連動させて、上下の唇を自然に離します。

幸福を伝える程度に応じて、幸福に関わる表情筋の動きの強度を調節してください。挨拶をするときや接客をするときなどは、余程の事情がない限り、満面の強い幸福表情ではなく、弱い幸福表情が適当でしょう。

見え方

嬉しそう・楽しそうに見えます。しかし、自分の本来の気持ちとはかけ離れた状態で幸福表情を作ってみたとしても、それは愛想笑いや軽蔑、ネガティブな印象を与える幸福表情に見えます。もちろん愛想笑いはコミュニケーションの潤滑油ですから、必要な場面は多々あり、愛想笑いを向けられた相手も了解事項ですので特に問題はないでしょう。しかし、意図的に作った幸福表情が状況に合わないとき、「人をバカにしている」「ヘラヘラしている」というようにネガティブな印象を相手に与えてしまいます。

具体的に作られた幸福表情とは、どのように見えるのでしょうか。最も目につきやすい作ら

【幸福　強度別】

中

弱い

れた表情の三大特徴は、「目が笑っていない」「表情の消えるタイミングが早い」「左右非対称の表情」です。「目が笑っていない」表情とは、口角だけを引き上げた幸福表情です。「表情の消えるタイミングが早い」とは、本当の幸福表情が表情のピークを越えてゆっくりと消えるのに対し、「サッ」と瞬間的に消える表情です。「左右非対称の表情」は、文字通りです。

これは幸福表情だけに限りませんが、意図的に作った表情は左右非対称になります。幸福表情はよく目にする表情であるため左右非対称では目立ってしまいます。したがって繰り返しになりますが、幸福表情が必要な場面では、心も伴わせるように心地よい気分を醸成しておく必要があるのです。

使いどころ

聞き手：相手の幸福に共感を示したいとき、楽しい・嬉しい・心地よいことを伝えたいとき、など。

話し手：幸福であることを伝えたいとき、など。

表情と表情の関係

【表情相関図】

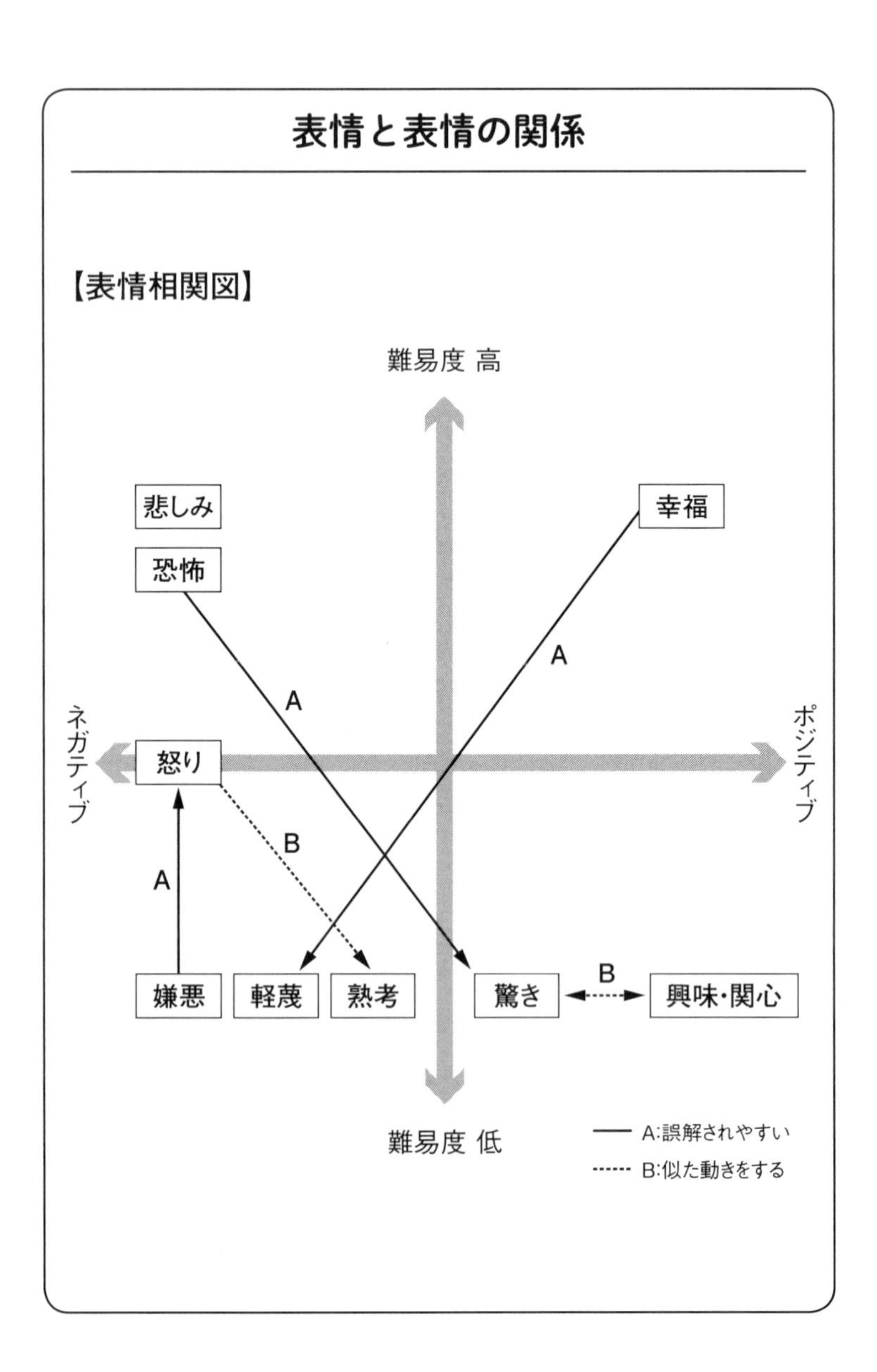

④体で表現するトレーニング

ここからは、表情ではなく、体を使って感情や思考を表すトレーニングを行います。具体的には、「誇り」、「羞恥・恥・罪悪感」を表すポーズと、「エンブレム」、「イラストレーター」についてて解説します。トレーニングするときは、表情のときと同様少し大げさだと思う程度にやってみましょう。さぁ、姿見を用意して始めましょう！

※それぞれの体の動きについて、特徴、原因、作り方、見え方、使いどころを説明します。

1．誇り

特徴

●頭が上がる
●拳が作られる
●腕が持ち上がる
●胸が張られる
●胴体が正面に押し出される

という動きのコンビネーションで生じます。この動きに、

●頬が引き上げられる
●口角が引き上げられる
●唇が上下からプレスされる

という表情が加わるとより誇り感情が際立ちます。

原因

価値ある行為を達成したときに生じる動きです。

作り方

イメージとしては、体を大きくする、です。体を大きくするイメージを持ちながら、頭をあげ、握り拳を作りながら腕を持ち上げ、胸を張り、体を正面に向けてください。この体の動きに笑顔を加えてください。

見え方

力強い印象に見えます。誇りに特徴的な体の動きに「腕を組む」動きや「腰に手を当てる」動きを加えると、力強い印象に加え、威圧や威張っている印象を与えることがあります。

使いどころ

聞き手・話し手：「私って凄いでしょ？」「自分自身を褒めてあげたい」ということを伝えたいとき、など。

II. 羞恥・恥・罪悪感

特徴

羞恥・恥・罪悪感ともに体の動きは共通しています。共通した体の動きの特徴としては、

●頭が下げられる
●胸が体の内側に向けられる
●肩が落ちる

という動きに、

●視線が下がる

という表情の動きが加わったコンビネーションより生じます。

またこれらの動きに加え、「顔に触れる」、「髪を引っ張る」、「眉毛を引き抜く」、「手を小刻みに動かす」、「手をがっちり組む」、「顔を隠

す」、「口の周りに力を入れる」といったマニピュレーターが生じることもあります。

さらに羞恥は、これらの動きに「口角が引き上げられる」、「唇が上下からプレスされる」という表情が加わります。また罪悪感は、「左の口角が引き上げられる」という動きが加わると恥との違いが明確になります。

原因

羞恥・恥・罪悪感に共通するキーワードは、ルールからの逸脱です。それぞれ見ていきましょう。羞恥（英語ではembarrassment）は、公の場で転んだりするような身体的なミスや漢字の読み方を間違えるといったような認知的なミスが、人に知られることによって生じます。恥（英語ではshame）は、社会的なルールを破っている状態が人に知られることによって生じます。罪悪感は、恥が生じる原因に加え、自分が決めたルールを自分で破ったと自認するときに生じます。

作り方

イメージとしては、体を小さくする、です。体を小さくしようとすることで自然と羞恥・恥・罪悪感の体の動きの特徴を作ることができます。体を小さくすることに加え、それぞれの感情を明確に伝えるには、マニピュレーターや羞恥・罪悪感に特徴的な表情を加えるとよいでしょう。

見え方

羞恥は文字通り恥ずかしがっているように見えます。恥と罪悪感の両者は明確には区別されにくいものの反省しているように見えます。

使いどころ

聞き手・話し手：「バツが悪く感じています（羞恥）」「反省しています（恥・罪悪感）」などと伝えたいとき、など。

Ⅲ．5つの「エンブレム」

特徴

1章でお伝えしたように、言葉を発しなくても、体の動きだけでメッセージを伝えることができるジェスチャーのことを「エンブレム」と言います。たとえば、手の甲が相手に向くようにピースをするとします（裏ピースと呼ばれるものです）。これは日本やアメリカでは「2」を意味しますが、イギリスや南アフリカなどでは「侮辱」を意味します。国・文化ごとのエンブレムをすべて習得することは現実的ではありませんので、本項では、いつでも・どこでも・誰にでも通用する万国共通のエンブレムを紹介します。

万国共通のエンブレムは、「こっちに来て」「あっちに行って」「止まれ」「はい」「いいえ」の5種類です。

作り方

【こっちに来て】

❶「手を広げる」
⇩「手のひらを上に向ける」
⇩「親指以外の4本の指を自分の方へ向かって繰り返し動かす」

❷「手を広げる」
⇩「手のひらを下に向ける」
⇩「親指以外の4本の指を自分の方へ向かって繰り返し動かす」

【こっちに来て②】

【あっちに行って】

「対象の方向へ腕を上げる」

⇩「人差し指でその方向を指す」

⇩「人差し指以外の指を曲げる」

【止まれ】

❶「両手もしくは片手の手のひらを下に向ける」

⇩「下に押す」

❷「手のひらを対象物に対して向ける」

⇩「腕を伸ばす」

【はい】

「首を縦に振る（うなずく）」

【あっちに行って】

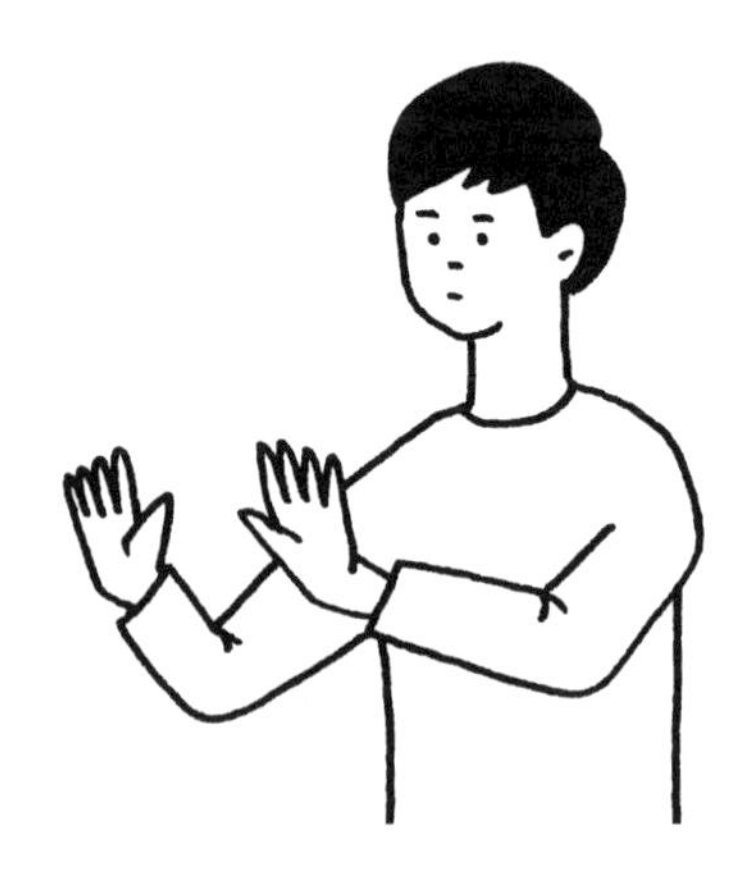

【止まれ②】

【いいえ】

「首を横に振る」

見え方

「こっちに来て」を表したいとき、私たち日本人は手のひらを下に向ける「こっちに来て❷」をする傾向にあり、アメリカ人は上に向ける「こっちに来て❶」をする傾向にあります。ところでアメリカ人の「あっちに行って」という意味のエンブレムは、「手のひらを下に向け、親指以外の4本の指を自分の外に向かって払うように2、3回動かす」というものです。この動きは一見すると私たち日本人にとっての「こっちに来て❷」の動きに似ているため、二つの動きを取り違えてしまう可能性が指摘されています。そのためアメリカ人の「あっちに行って」を「こっちに来て」と誤解するのではないかとよく言われています。

しかし現実的には、そうした誤解はほぼ起きないでしょう。なぜなら「こっちに来て」は笑顔が、「あっちに行って」はネガティブな表情が併用されるため、表情を見れば動きの意味がわかるからです。

「あっちに行って」は「あちらを見て」と誤解される可能性がありますが、しばらくこの動きの状態を保ったり、2、3回指をさす動きを繰り返せば、意味が正しく伝わるでしょう。「止まれ」はそのままの意味で伝わります。

「はい」「いいえ」はそのまま肯定・否定の意味と解釈されますが、インドとブルガリアのみが例外です。つまり、インドとブルガリアの人々は、肯定を伝えたいときに首を横に振り、否定を伝えたいときに首を縦に振る傾向にあります。（ブルガリアの若者の首の動きや日本在住の長いブルガリアの方を見ると、首の動きが万国共通の動きと一致していたりもします。エンブレムは表情と違い学習によって習得されるため、普遍ではないのです。）

使いどころ

聞き手・話し手：それぞれの意味を強調、あるいは発話なしに伝えたいとき。

Ⅳ. 7種の「イラストレーター」

特徴

1章で紹介したように、発話をしながら身振り・手振りをすることを「イラストレーター」と言います。たとえば「これくらいの箱があります」と言いながら、実際に箱の大きさを手で描くとします。こうすることで話している内容をビジュアル化し、相手の脳内に箱の大きさに関するイメージを想起させることができます。

イラストレーターの種類はビジュアル化させたい発話内容の数だけありますが、大別すると「バトン」「思考動作」「指示動作」「活動動作」「空間動作」「象形動作」「リズム動作」の7種類があります。

作り方

【バトン】

特定の単語やフレーズを強調するために、

「眉が引き上げられる」（ポジティブなイメージの場合）

「眉が中央に引き寄せられる」（ネガティブなイメージの場合）

というどちらかの動きが生じます。

【思考動作】

思考の道筋を描くときに生じます。たとえば「ポイントは三つあります」と言いながら、3本指を作る動きや「一つ目の話はここで終わりです」と言いながら、手のひらを包丁に見立て垂直あるいは水平に切る動きなどがあります。

【指示動作】

ある対象の1点に注意を引き付けたいときに生じます。たとえば「ここに注目してください」と言いながらその点に向けて指をさす、指でなぞる動きです。

【活動動作】

体の動きを表現したいときに生じます。たとえば「必死に走ってそこまでたどり着いたのです」と言いながら、走る動きをしたり、「蝶々がこんなふうに飛んでいたんです」と言いながら、蝶の羽の動きを身振りや手振りでマネる動きがあります。

【空間動作】

空間的な位置関係を表現したいときに生じます。たとえば「A地点からB地点まではこのように行きます」と言いながら、地点を結ぶ地図を空中に描く動きなどがあります。

【象形動作】

頭の中にある絵を表現したいときに生じます。たとえば「これくらいの箱がありました」と言いながら、その箱の大きさを身振り・手振りで描く動きです。

【リズム動作】

出来事のリズムや歩調を刻みたいときに生じます。たとえば鼻歌を歌いながら、指揮者のように手を動かす動きなどがあります。

【思考動作の例】

【指示動作の例】

【空間動作の例】

【活動動作の例】

【リズム動作の例】

【象形動作の例】

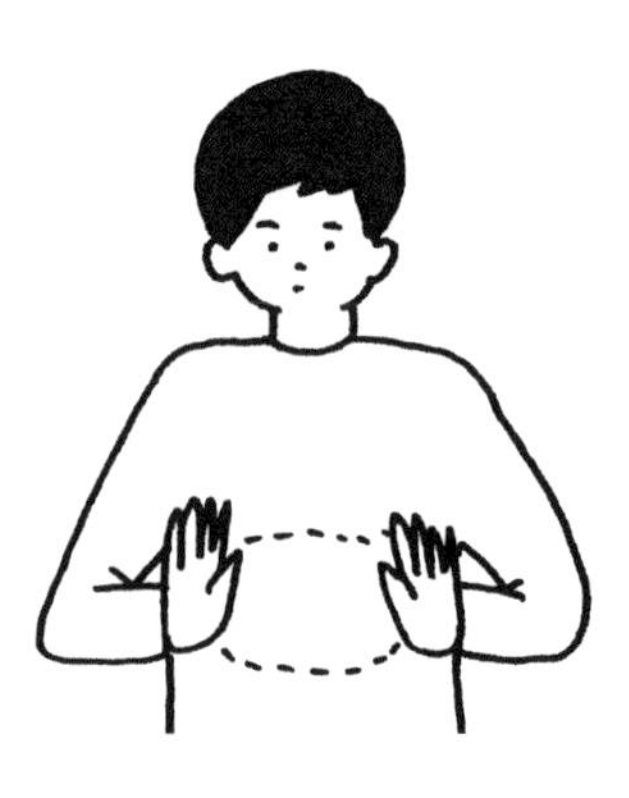

見え方

文化差や個人差があります。動作をしている場所によっても印象が変わります。

使いどころ

聞き手：相手の発話内容をビジュアル化し、話を整理するサポートをしたいとき、など。

話し手：自分の発話内容をビジュアル化させたいとき、など。

まとめ

- 体を大きく見せるポーズを取ることで「誇り」を、小さく見せるポーズを取ることで「羞恥・恥・罪悪感」を表すことができる。
- 万国共通の5種類のエンブレム、7種類のイラストレーターによって、思考を表すことができる。

コラム
②

犬にもわかりやすい感情表現を

犬を飼っていたり、犬と触れ合う機会が多ければ多いほど、「犬にも感情があるんだな」とか「犬の表情も色々だな」なんて思われると思います。そして、犬と意思疎通ができている瞬間を感じることがあると思います。意思疎通ということは、犬も私たちの表情を読んだり、感情を認識できているはず。実際はどうなのでしょうか。犬が人間の感情を認識できているのかどうか、こんな実験で検証されています。

実験参加犬（実験参加者ではない！）に人間のポジティブ・ネガティブな2枚1セットの表情画像を見せます。またその表情画像の提示とともに、その表情に一致する声、不一致の声、中立的な声が流されます。具体的には、

a. 怒っている人間の表情画像と人間の怒鳴り声（表情――声一致）
b. 怒っている人間の表情画像と人間の笑い声（表情――声不一致）
c. 笑顔の人間の表情画像と人間の笑い声（表情――声一致）

d. 笑顔の人間の表情画像と人間の怒鳴り声（表情——声不一致）
e. 怒っている人間の表情画像と人間の中立的な声（中立）
f. 笑顔の人間の表情画像と人間の中立的な声（中立）

こうした様々な表情画像および音声に実験参加犬がどのような反応を示すかが観察されました。実験の結果、わかったことは次の通りです。

①実験参加犬は、表情画像がポジティブだろうとネガティブだろうと、声が中立の場合、それぞれの表情に視線を向けている時間に変わりはない。
②表情と声が不一致の場合より、一致している場合の方を好み、一致している表情画像に視線をより長く向ける。

①②の結果から、犬が表情から感情を読んでいるのではなく、表情と声のセットで感情を読んでいることがわかります（視線の解釈の前提として、視線が向かう方向に興味・関心があると考えられています）。この実験結果を犬とのコミュニケーションに活かすとすれ

ば、たとえば、犬をしつけるときは、表情だけ怖い顔をするのではなく、同時に怖い声を出して叱る、犬を褒めるときは、笑顔だけでなく、声の調子も合わせて話しかける、というのが効果的だと言えるでしょう。

犬にもわかりやすい感情表現を。

chapter3

「ノンバーバル・スキル」をビジネスの場へ！

本章では、これまで学んできたことをより具体的な事例に当てはめ、インパクトを持って「伝える」ということを深めていきます。いつ・どんな場面で・どんな伝え方をしたら自分の感情を相手に適切に届けることができるのかを考えます。

①自己表現のための三原則

次節以降で具体的な事例に入る前に、確認の意味も兼ねて、本節では自分の想いや感情を効果的に伝えるための三つの原則を示したいと思います。自己表現のための三原則です。その原則とは「本当の感情を土台にする」「言葉とノンバーバル・シグナルとを一致させる」「相手の感情の流れを読む」の三つです。普段からこれら三つの原則を意識し実践することで、様々なコミュニケーション場面において効果的に自己表現をすることができるようになります。逆に相手に自分の想いや感情が届いていないと感じたら、あるいはどのように伝えようか悩んだら、これらの三つの原則を思い返してください。どれかが欠けているはずです。原則に立ち戻ることで、様々なコミュニケーション場面に応用できる発想とスキルを身につけることができるようになるでしょう。

原則1：本当の感情を土台にする

最初の原則は「本当の感情を土台にする」です。感情を人に上手く伝えられない、ここ最近伝えるのが下手になった、ある特定の人・場面でそれが難しくなる、誤解を与えてしまったかもなどと思うとき、「今の自分の本当の感情は何なのだろうか？」「自分がこの人に本当に伝えたいことは何だろうか？」と振り返ってください。

通常、真の感情があればそれは自然に表に表れるのですが、それが1章で見てきたように自身のノンバーバル・スキル不足や相手の要因によって伝わらないのです。ノンバーバル・スキルを向上させるためには、2章でトレーニングし、本章の具体例を見て使い方をイメージしてください。ここでは心構えと感情を心に宿すための日々の行動指針を紹介したいと思います。

あなたの感情を相手に伝えたいと思うとき、そこに本当に感情はありますか。空虚な心に表情や動作だけを加えてみても、そこにあるのは不気味な不自然さです。表情が動く人型ロボットがありますが、人間の外観に近づけば近づくほど、その表情が動くと不気味に見えてしまいます。感情がなければ、無闇に繕うことは逆効果となり得ます。たとえば、ネガティブな感情をポジティブな表情や動作で隠してみても、そこにあるのは直感的に感じられる違和感です。

怒りが漏れ出る「笑顔」や目が笑っていない「笑顔」は、潜在的に相手の意識にネガティブな印象を残します。

感情を持つには、様々な感情を実際に体感し、身体に「これが○○な感情なんだ！」と沁み込ませる必要があります。そして本当に伝えたい感情が土台として整ったら、それを表現する準備ができます。準備といっても実際のコミュニケーション場面では、一瞬にして感情が表情・動作として表れるので、意識的に準備するという感覚はないと思います。「あ〜今、悲しいな〜」と思った瞬間に悲しみ表情が顔に表れているでしょう。しかし、問題なのは、本当に悲しいと思っても悲しみの表出があまりに微妙で相手に伝わらない、ということです。これも日々の心がけが大切となります。

悲しい・嬉しい・怖い……様々な感情を抱くたびに、感情を味わうイメージで自分の身体に意識を向けてください。自分の身体がどんな動きをしているか確認してください。そして2章の内容を頼りにそれを少し大げさに表現してみてください。そしてそれを自分で確認してみてください。次第に自分の感情をストレートに表現することに慣れてくるでしょう。様々な感情が刺激される映画を見たり、大切な人からの手紙を読み返したり、様々な思い出を呼び起こしてみたりしながら、体感を研ぎ澄ませてみてください。

また何の感情がないときでも、各感情を示す表情を作ってみたり、体の動きをしてみるのも身体に感情を沁み込ませる器を作る良い練習となります。表情フィードバックで紹介したように、形から入ることで感情の呼び水を作ることができるのです。

原則2：言葉とノンバーバル・シグナルとを一致させる

次の原則は「言葉とノンバーバル・シグナルとを一致させる」です。言葉とノンバーバル・シグナルとが一致していると、話している言葉が表情・動作により強調され、想いや感情が相手に正確にかつ相手にとって心地よく伝わります。逆に一致していないと、想いや感情が相手に正確に伝わらないばかりか相手に困惑や嫌悪を感じさせてしまいます。それでは、言葉とノンバーバル・シグナルをどのように一致させればよいのでしょうか？

ポイントは、感情語と非感情語を意識して自己表現する、というものです。感情を表す言葉を発するときにそれに合ったノンバーバル・シグナルを表現すれば、その言葉の真実味が増します。たとえば、「嬉しい！」と言いながら、カラスの足跡ができた笑顔が生じていれば、あなたの喜びは相手に印象的に伝わるでしょう。「申し訳ありません」と言いながら、悲しみ表情・恥・罪悪感姿勢が生じていれば、あなたの悲しみ・恥・罪悪感は相手に深く届くでしょう。

より意識する必要があるのは、感情を直接表さない非感情語を発するときです。非感情語は、感情と対応した表情や動作があるわけではないため、自分自身で何を表現したいのか、何を相手に伝えたいのかを注意深く考え、自己表現する必要があるからです。しかし、非感情語を発するとき伝えたい想いや感情を身体で適切に表すことができれば、あなたがその言葉の意味をどう位置付けているのかを相手に印象付けることができ、コミュニケーションに躍動感をもたらすことができます。

たとえば、「本製品のカラーは、ホワイト・グレー・ブルーがあります」と商品説明をするシーンを想像してください。色は感情語ではありません。当然、色の説明をするときの適切な表情や動作が決まっているわけではありません。しかし、イラストレーターを使う、たとえば、人さし指を立てながら「ホワイト」、引き続き中指を立てながら「グレー」、そして最後に薬指を立てながら「ブルー」と色の説明をすれば、色のバリエーションが特別なポイントだという印象を相手に伝えることができます。また「ブルー」というときだけ眉を引き上げれば、ブルーが特別な色、たとえば、最近加わったカラーバリエーションだということや、人気な色だということなどを伝える布石を作ることができます。非感情語の別の例として、「このような結果になるとは思っていませんでした」という言葉もオフィスでよく見聞きします。何らかのプロジェクトの進行中に笑顔でこの言葉を発すれば、相手に「今から良い報告を聞く心の準備をしてください」ということを、恐怖表情でこの言葉を発すれば、相手に「用心して報告を聞く心の準備をしてください」ということを伝えることができます。突然、相手の感情を刺激するのではなく、相手に感情を受け止める器を用意する間を作るのです。

感情語を使うときは、文字通りの意味を強化するためにその言葉に一致したノンバーバル・シグナルを表現できるようにしましょう。非感情語を使うときは、自分が意図した印象を伝えるためにその言葉を修飾できるようなノンバーバル・シグナルを表現できるようにしましょう。

原則3：相手の感情の流れを読む

最後の原則は「相手の感情の流れを読む」です。自分の想いや感情を伝えるという行為は一見すると能動的な行為ですが、実は受動的行為でもあります。その理由は伝えるという行為には必ず相手の存在が必要であり、相手が何をどのように欲しているかを知らずに伝えるという行為はできないからです。仮にそれが「できる」という人がいるならば、それは「伝える」の本当の意味、「伝わる」になっていません。
私たちはネガティブを嫌います。ネガティブな状態にいるとその状態を脱しようとします。一方、私たちはポジティブな状態を好みます。ポジティブな状態にいるとその状態を持続させようとします。あなたが相手に何かを伝えようとするとき、相手がネガティブな状態にいればそれを取り除く伝え方を工夫しなければ、相手はあなたからの情報やあなた自身をネガティブな対象として捉え、コミュニケーションを拒否したり、あなたから距離を置こうとしてしまいます。逆に相手がポジティブな状態にいれば、その状態を持続させる伝え方を工夫する必要があります。

たとえば、私たちは相手の説明が理解不能なときネガティブな状態となります。あなたが巧みな伝えるスキルを使ってプレゼンテーションをしているとしましょう。説明の途中で相手の顔に熟考が浮かびました。同じ調子で説明を続けますか。もちろんダメです。最初は上手くいっていた伝え方でも、相手の状態が変われば、それに合わせて伝え方を変えていく必要があります。相手が熟考しているならば、あなたの説明を理解するのが難しい、疑問がある、といった状態が推測できます。丁寧に説明し直す、具体例を挙げて説明する、相手に疑問点がないか聞く、などの対処をすることで相手のネガティブな状態を取り除く必要があります。相手

【図表① 感情別伝え方・アプローチ】

相手の感情	相手の感情の原因	取るべき伝え方・アプローチ
興味・関心・驚き	情報検索	情報を与える
軽蔑	優越感、不道徳な行為	優越感を刺激する 不道徳な行為をしない
嫌悪	不快なヒト・モノ・言動	不快なヒト・モノ・言動を排除する
熟考	熟考	丁寧な説明をする 相手に発言権を渡す
怒り	不正義、障害	障害をどける
恐怖	危険の察知	安心させる
悲しみ	大切なヒト・モノ・コトの喪失	助ける
幸福	楽しいこと、心地よいこと、安堵、モチベーションの刺激	楽しさを持続させる モチベーションを刺激する
誇り	価値ある行為の達成	称賛する
羞恥・恥・罪悪感	ルールからの逸脱	謝罪を促す

の熟考を無視して説明を続けたら、相手はあなたの話に聞く気をなくしてしまうでしょう。

具体的なネガティブを取り除く方法とポジティブを維持させる方法については次節以降に譲り、ここでは感情の流れを読む感情別伝え方・アプローチを大まかに紹介したいと思います。

前ページの図表①を見てください。

伝え方の核は、ポジティブな感情の原因を増大させ、ネガティブな感情の原因を取り除く、です。自分がどんなに必要十分な情報を与えたと思っても、相手の顔に興味・関心・驚きが浮かべば、さらに追加して情報を与える必要があります。自分がどんなに素晴らしいアイディアを思いついたとしても、それを聞いている相手の顔に軽蔑が浮かべば、自分のアイディアに不足している点はあるかを謙虚になって聞く必要があります。優越感を抱いている人は優越感を満たしたいのです。

こうした要領で相手の感情の変化に応じて伝え方を変えることが、本当の「伝える」であり、「伝わる」なのです。

※相手の感情の流れを読んで効果的にコミュニケーションをするスキルについて集中的に学びたい方は、拙著『0・2秒のホンネ　微表情を見抜く技術』(飛鳥新社／2016)、『「顔」と「し

ぐさ」で相手を見抜く』（フォレスト出版／２０１６）を参照ください。

まとめ

●自己表現のための原則は「本当の感情を土台にする」「言葉とノンバーバル・シグナルとを一致させる」「相手の感情の流れを読む」の三つ。

②商談・営業・企画会議――プレゼンで活きる技術

本節では、ノンバーバル・スキルを商談・営業・企画会議などのあらゆるプレゼンテーションの場面で使うためのヒントを紹介します。プレゼンテーションとは、何かを伝える、自分の想いや考えを表現することです。そのため、本節で紹介するヒントは、商談・営業・企画会議などの場に限定されず、接客・マネジメント・教育指導・就職面接・舞台などあらゆる場面で活用することができます。

「ノンバーバル・スキルを使って効果的なプレゼンテーションを行う」ことをテーマにすると一冊の本ができてしまうほど奥が深いもので、様々なノンバーバル・シグナルの活用法がありますが。その中でもすぐに使えて、最も効果的な二つの活用法を本節では紹介したいと思います。

「眉の上げ下げ」だけで戦略的なプレゼンに

最初に、慣れてしまえば最も容易なものの、プレゼンテーションの場面で多くの方が上手に使いこなせていない顔の動きについて紹介します。それは「眉を引き上げる」と「眉を中央に引き寄せる」動きです。2章の復習です。「眉を引き上げる」は興味・関心で、「眉を中央に引き寄せる」は熟考を表しました。これらの動きをプレゼンテーションの場面で、自身の言葉にタイミング良く添えるだけで、言葉に重みが増し、相手に想いを効果的に伝えることができるのです。

たとえば「これ凄いですよね」「この機能に注目していただきたいのです」と言いながら、眉を引き上げます。実際に「凄い」とか「注目」といった興味・関心に直接的に関わる言葉だけでなく、相手に興味・関心を抱いて欲しい言葉やフレーズを言うときに眉を引き上げる動きを伴わせることも大切です。たとえば営業先で「今、購入されると～」の「今」と言うタイミングで眉を引き上げれば、顧客の心に「今」という時期について興味・関心を呼び起こすことができます。

同様に「ここはぜひ、慎重に検討していただきたいのです」「既製品と比べて新製品の特長は～」と言いながら眉を中央に引き寄せれば、言葉だけで伝えるよりも気持ちを込めて顧客はそのポイントで熟考してくれるのです。

言葉で書いてしまえば、「そんなの簡単じゃない？」と思われるかもしれません。確かに眉を上げ下げすること自体は簡単です。しかし、繰り返しになりますが、そんなに上手に、さらに言えば戦略的に眉を使いこなしている方はあまり多く見受けられません。私は日々、様々な商談で営業担当にお会いしますが、何気ない会話では眉が上下するものの、契約の話や製品・サービス紹介の話となると、緊張する（緊張すると恐怖の眉になるか、表情筋の動きが乏しくなります）、どこにポイントがあるかわかっていない（いつ眉を上げ下げしたらよいのかわからない）、同じ説明を繰り返すあまりプレゼンに気持ちが入らない（気持ちが入らなければ表情は動かない）、そんな理由で眉の動きが止まり、死んだ表情でプレゼンされる方々を多くお見受けします。

したがって「眉を引き上げる」と「眉を中央に引き寄せる」を効果的に行うには、

①商談や営業といった自身が行うプレゼンテーションという場に慣れ、極度に緊張しないようにする。

②どのポイント（言葉やフレーズ）で相手の心に興味・関心あるいは熟考を呼び起こしたいか、プレゼンテーションを行う前に戦略的に考え、事前にリハーサルしておく。たとえば先のフレーズ「既製品と比べて新製品の特長は～」という場面で、相手に既製品と新製品を比べて欲しいときは、熟考を呼び起こす必要がありますが、新製品の特長に意識を向けて欲しけれ

ば、興味・関心を呼び起こす必要があるでしょう。

③あなたにとっては何度もしている同じ話でも相手にとっては初めて、ということを前提に、想いを込めてプレゼンテーションできるように気持ちを整える。

という三つのポイントを意識することが大切です。

また「眉を引き上げる」と「眉を中央に引き寄せる」という動きは、自分が話し手のときだけでなく、聞き手のときにも使えます。相手の眉の上げ下げに同じ動きで同調することで、相手に共感を示すことができます。また「眉を引き上げる」動きは、うなずきと同様に「あなたの話をちゃんと聞いています」というシグナルとなりますし、「眉を中央に引き寄せる」動きは「あなたの話を集中して真剣に聞いています」というシグナルとなります。人は共感や話をちゃんと聞いている人に好感を覚える傾向を持つため、自分が話し手のときだけでなく、聞き手のときにも眉を上げ下げし、ノンバーバルでシグナルを伝えることが大切です。

微差は大差——右は正義のサイン

眉の動きに続いて少し気をつけるだけで効果的な伝達法になるものが、イラストレーターです。プレゼンテーションをするとき、色々なイラストレーターを使っていると思います。みなさんはどのくらいこのイラストレーターの使い方に意識を向けているでしょうか。このイラストレーターの使い方を少し意識するだけで、しかもほんのちょっとの差で大差を生み出せる可能性があります。それは、ズバリ、左右を意識することです。

たとえば、「AとBの二つのポイントがあります」と言うとき、Bのポイントを良いものであると印象付けたければ、両手を天秤のお皿に見立て、Aのポイントを右手側のお皿に乗せるイメージ、Bのポイントは左手側のお皿に乗せるイメージで、動かすという感じです。あるいはわざわざお皿をイメージしなくても、Aの話をするとき右手側を動かしながら、Bの話をするとき左手側を動かすだけでもよいでしょう。重要なのはプレゼンター自身にとっての右左ではなく、相手にとって右に見えるところに手を向け、意識付けるということです。

なぜ、右を意識した手の動きが重要なのでしょうか。ひとことで言えば、私たちの多くが右に良い印象を抱くからです。身近な例から考えてみましょう。仏教では、「右仏、左衆生（わが身）」などと言います。イスラム教では、右手は食事のために、左手は汚い仕事をするために使い、右足からモスクに入り、左足からトイレに入る、と言います。インドや中国では、左手で食事を取ることがタブー視されています。

今度は言語の例で考えてみましょう。英語では、"the right answer" は「正解」、"my right-hand man" は「私の右手になる男（頼りにしている男）」を意味し、"two left feet" は「不器用」、"out in left field" は「見当外れ」を意味します。ラテン語では、右は「技術」を表し、左は「悪魔」を表します。フランス語やドイツ語などの他の言語でも、右はポジティブ、左はネガティブに結びつけた言い回しを見つけることができます。

このように様々な文化や言語において、右を「良いもの」と左を「悪いもの」と関連づける傾向があります。この現象を解き明かそうと「身体特異性仮説」という考えが考案されました。この仮説を簡単に言いますと、身体の構造

が思考に影響を与え、その思考は特定の身体動作として表れる、というものです。

この仮説を裏付けるためにいくつかの実験がなされました。ある実験で実験参加者に隣り合わせに座る紙に描かれた2匹のエイリアンのキャラをそれぞれ判断してもらいます。右利きの参加者は右側に座っているエイリアンを「賢い」「幸せ」「正直」「魅力的」だと判定し、左利きの参加者は左側に座っているエイリアンを「賢い」「幸せ」「正直」「魅力的」だと判定する傾向が観察されました。このエイリアンの選好を1組の左右に並べられた商品、左右に並ぶ求職者に変えても同様の結果が観察されました。実験の結果、私たちは利き腕の方にあるものを「良いもの」と捉える傾向にあることが示されたのです。


話をまとめますと、私たちは利き腕の方に良い印象を抱く傾向にあるのですが、右利き人口の方が多いことを考えると相手の右側に良い印象を抱いてもらいたいものを置いた方が、良い印象付けを行うことができる可能性を、高められると考えられるのです。

もちろん良い印象を抱いてもらうという利点以外にも、イラストレーターは相手に自分の想いをイメージ化してもらえるという利点があります。右左を意識するイラストレーター以外にも、2章のイラストレーターの動きを参考に、あらゆるプレゼンテーション場面でイメージ化して届けたい様々なイラストレーターを練習してみてください。

まとめ

- タイミングよく「眉の引き上げ」あるいは「眉を中央に引き寄せる」という動きを行うことで、相手に興味・関心や熟考を引き起こせる。
- 人は利き手側のものに良い印象を抱く傾向がある。そのため、（マジョリティーである）相手の右を意識したイラストレーターを使うことで、プレゼンテーションを上手く進めることができる。

③ 接客——笑顔は「万能のサービス」ではない

本節では接客に必要な感情表現について紹介します。最初に接客の基本、笑顔について扱います。なぜ、どのように笑顔の接客が重要なのかについて感情心理学の観点から改めて考えます。次に実際の現場での応用例について紹介します。具体的にはお客さんの感情に添った接客のあり方について代表的な感情を例に深めたいと思います。

なぜ接客の基本は笑顔なのか?

笑顔の接客というキーワードは、接客業に関わる方々にはあまりに当たり前すぎてなぜ笑顔の接客が重要なのかについて疑問すら感じられないかもしれません。なぜ、どのように笑顔の接客が重要なのでしょうか。笑顔の接客はどんなときも役に立つ万能薬なのでしょうか。

こうしたことを改めて問われると難しいかもしれません。笑顔の接客についてを今一度意識することで、マネージャー層の方々にとってはサービスの質を問い直し、現場の方々にとっては日々の接客に携わる心のあり方を考えるきっかけになるでしょう。実験室での実験や実際の店舗を使ったフィールドワークで行われた様々な研究によって得られた知見を紹介します。

まず、なぜ、どのように笑顔の接客が重要なのでしょうか。それは笑顔の接客が、店員さんの人柄、誠実さ、専門性、サービスに対するお客さんの満足度を高め、商品の売り上げに貢献し、お客さんがもう一度来店したいと思うようになるからです。なぜお客さんはこのように感じるようになるのでしょうか。人の感情は無意識のうちに他の人に感染することが知られており、店員さんが笑顔で接することでお客さんの表情も自然とほころびやすくなります。そしてこの店員さんとお客さんの笑顔が続くことによって、お客さんの心に心地よい気分が生み出されます。心地よさを含め、ポジティブな気分のときに見聞きするものに私たちは肯定的に反応することが知られています。こうしたメカニズムを通じて、店員さんの笑顔が波及的に良い効果を生み出すのです。

しかし、笑顔の接客がどんなときでも有効かというと、話はそう単純ではありません。笑顔の接客は決して万能薬ではないのです。笑顔の接客の効果が弱められる、あるいは逆効果になる場合があります。その代表例は、偽の笑顔と状況に合わない笑顔です。笑顔の質と量との関係を調査した研究では、サービスに対するお客さんの満足度は、笑顔の量より質に影響を受けることがわかっています。つまり、私たちは多くの「愛想笑い」より、回数は少なくても「真の笑顔」をしてくれる店員さんのサービスに高い満足を感じるのです。また状況に合わない笑顔とは、お客さんに笑顔で接客するべきではない場面で笑顔を向けてしまうときの表情です。たとえば、イライラしているお客さんにニコニコ顔で接すれば、お客さんのイライラが解消されるどころか倍増してしまうでしょう。

つまり笑顔の接客がお客さんの満足度を引き上げるには、店員さんも心から楽しいと感じ、それが表に表れ、かつその笑顔が状況に合っていることが必要条件になるのです。

「すみません」とニッコリ接客!?

それでは必ずしも笑顔で接客するのがふさわしくない場面とはどのようなときでしょうか。次の例から考えてみます。

とある金曜日の夜。町は多くの人々で賑わっています。通りに並ぶ様々なカフェ、レストラン、居酒屋からは店の外まで楽しそうな声が漏れてきています。道を歩きながら店内にふと目をやると、大学生らしき若者たちが大笑いをしながら楽しそうに飲み会をしています。またしばらく進むと雰囲気の良いレストランでカップルがやわらかい笑顔で静かに語り合っている様子です。さぁ、自分もどこかお店に入り、美味しい食事を取りながら楽しい気分に浸りたいと思いました。何となく良い雰囲気だなと思ったお洒落なバルに入ります。

店員さん：何名様ですか？
あなた：一人です。
店員さん：お一人様ですね。少々お待ちください。
店員さん：（予約表を見ながら）……すみません。ただ今、お一人様席をご用意することができないのです。
あなた：そうですか。わかりました。

残念ながら、金曜の夜ということもあり、バルはほぼ満席。予約のお客さんもいるようで、あなたはそのバルで食事を取ることをあきらめなければならなくなりました。
さて、ここで質問があります。店員さんが「すみません。ただ今、お一人様席をご用意することができないのです」と言うとき、店員さんにはどんな表情であって欲しいですか？
実はこの話は私がよく直面する場面なのです。満席で入店を断られたときの店員さんの反応

をよく観察すると、その反応が3種類に分かれることに気づきました。入店を断るときの店員さんの言葉は、だいたい先の例に挙げたようなセリフです。しかし、店員さんの反応、特に表情反応がお店によって違うのです。それは、真顔、笑顔、悲しみ表情です。みなさんならどの表情を店員さんにしてもらいたいでしょうか。

おそらく、多くの方にとって店員さんの顔に浮かんでいて欲しい表情は、悲しみ表情だと思います。まず原則に則って「すみません」という謝罪の言葉と一致する表情ですから、この発言をするときは悲しみ表情が適当だということはよいでしょう。

それでは次の発言「ただ今、お一人様席をご用意することができないのです」はいかがでしょうか。これも続けて悲しみ表情がよいでしょう。悲しみ感情は、大切なヒト・モノの喪失によって引き起こされます。入店できないお客さんの気持ちを想像してみてください。それは「このお店で食事を楽しむということができない」という喪失感と考えることができると思います。お客さんの顔に残念そうな悲しみ表情が浮かべば、この想像は確信に変わるでしょう。お客さんの喪失感を想像したならば、その喪失感に寄り添い、「私もお客さんがうちのお店で食事を楽しむ体験ができなくて残念です」「サービスを提供できなくて申し訳ないです」という気持ちを表情に表します。この表情に合致するのが、悲しみ表情なのです。「お客さんの喪失感を私も共感しています」というイメージです。悲しみ表情を目にしたお客さんは、無意識にでも「ああ、私の気持ちに寄り添ってもらえている」と思うことでしょう。ちなみに私が入店を断られるときに店員さんの顔に悲しみ表情が浮かんでいるのを見ると、「いい店だな」「お客さんの気持ちがわかる店員さんなんだな」「今度はぜひ予約して来ようかな」という気持ちになります。

しかしこのような状況でも、感情反応が弱い店員さんは、真顔もしくは真顔のように見える顔で反応しますし、笑顔の接客を惰性的に行っている店員さんは、笑顔で反応します。笑顔で反応されてしまうと「私がお店に入れなくて、嬉しいの？」と思ってしまうのではないでしょうか。私のあくまでも主観ですが、今回のような状況で真顔・笑顔・悲しみ表情は、2：4：4くらいで店員さんの顔に表れているように思えます。

まとめますと、感情に寄り添う接客とは、店員さんがお客さんの気持ちに同感・共感を表すことでお客さんに心地よく感じてもらえる接客、ということになります。

怒りのクレームにもニコニコと対応!?

もう一つ、笑顔で接客するのがふさわしくない場面を取り上げてみましょう。私が相談を受けた案件にこんな事例がありました。

某市役所の窓口での出来事です。60代の市民の方が定年退職後に必要になる様々な手続きを尋ねに訪れていました。その手続き方法を20代の職員さんは説明していたのですが、この市民の方は何度も何度も同じ質問をしてきます。そこでさらに親切なサービスを心がけようと笑顔になり、同じ説明を繰り返しました。すると、

市民：何言ってるかわからん！　それにヘラヘラして話すな!!

市役所の窓口に怒鳴り声が響き渡りました。説明の複雑さに対するイライラに加え、職員さんの笑顔の説明が「ヘラヘラしている」とマイナスに捉えられてしまい、火に油を注ぐことになってしまったのです。

その市役所の職員さんはたびたび接遇研修を受け、笑顔の接客には定評があるとのことでした。しかし、市民の方の感情変化を察したり、感情に添った対応をしたりするのは不得意のようでした。

もちろん同じような事態を引き起こさないためには、「職員にとって知り尽くした説明でも市民の方はそうではない」という当たり前の前提を忘れずに常に対応ができていれば問題ありません。しかしそうした前提をふと忘れてしまうこともあるでしょう。そんなとき市民の方の表情や行動から「あれ、何かおかしい」「自分の説明が理解されていないかもしれない」と察することができれば、適切な対応に切り替えることができるでしょう。

この状況での感情に寄り添う接客を具体的に考えてみましょう。怒り表情に適切な表情とは何でしょうか。イライラしている市民の方に対応するときの適切な表情とは何でしょう。少し想像すれば簡単なはずです。目の前に怒っている人がいたら、みなさんはどう感じますか。血の気が多く喧嘩早い人でなければ、多くの方にとって、「怖い！」が普通の反応だと思います。そうなのです、怒りに対応する感情は恐怖なのです。もしこのイライラし始めた市民の方にこの職員さんが恐怖表情で対応していたら、市民の方は「俺の怒りが理解された」「受け止められた」と感じ、火に油が注がれる結果にはならなかった可能性が高いと言えます。

この怒りが明確に生じた後に恐怖表情で対応するという方法は、これ以上怒りを増幅させないためにできる対処療法です。笑顔で対応するより、ベターな方法です。ベストなのは明確な怒り表情が生じる前、つまり「微妙にイライラしている！」ことを察知し、恐怖表情で市民の方の怒りを受け止められることです。そして、市民の方の感情を受け止めた後に「説明が不明瞭で申し訳ございません。この箇所をもう一度説明してよろしいでしょうか」などと言い、丁寧な説明をするプロセスを経ることができればそれがベストな感情に寄り添う接客です。

まとめ

- ●笑顔での接客にはポジティブな効果があるが、必ずしも常に笑顔でいることが最善ではない。接客で大事なのは、客の感情に寄り添って表情を作ること。
- ●相手に申し訳ない状況なら、悲しみ表情を、怒らせている状況なら、恐怖表情を作ることで、相手の残念な気持ち、怒りの気持ちが自分に伝わっていることを示すことができる。

④ 教育・指導——部下を「感情的に」叱る方法

本節では、部下教育や指導、その中でも特に難しい「失敗」に対する教育・指導に焦点を当て、いかに「感情」を持って部下に接するべきかを考えたいと思います。一般的には、教育や指導の場面では、たとえ怒りがこみ上げてきても怒りを排除し、冷静に対処することが良しとされています。しかし、怒りを抑えるという以外にどんな感情のレパートリーを持ち、どんなふうにその反応を示したらよいのでしょうか。感情心理学の知見から導き出せる、部下を「感情的に」叱る方法を考えます。

子どもの性格類型と失敗への感情反応

部下を「感情的に」叱る方法を考えるうえで、子どもの失敗に対する感情反応の研究結果が多くの示唆を与えてくれます。

子どもの感情反応と性格傾向との関連性について次のような実験がなされました。あらかじめ実験に参加する生徒の性格傾向を計測しておきます。そして、それぞれの生徒に出題者と

1対1で向かい合って座ってもらいます。出題者が生徒にいくつかの問題（「1週間は何日ですか?」「ニューヨークとロサンゼルスはどれくらい離れていますか?」「気圧計とは何ですか?」といった一般的な知能を測るための問題）を尋ねます。出題者は生徒が上手く答えられないでいると明確に答えるようにさらに尋ねます。この上手く答えられないという状況は、正しい答えにたどり着けない、失敗したことを意味します。このときの生徒の表情が計測されました。実験の結果、生徒の表情と性格傾向との間に次の関係があることがわかりました。

●「精神上偏りのない普通の性格傾向」の生徒
⇩羞恥表情を見せた。
●「注意欠陥・多動傾向・攻撃的・反社会的傾向」の生徒
⇩怒り表情を見せた。
●「過度の不安や恐怖・心身症状・抑うつ傾向」の生徒
⇩恐怖表情を見せた。

「問題に上手に解答できない」という現象としては同じ結果でも、生徒が抱く感情はそれぞれ違うということの実験結果から、私たちが考え得る適切な反応は何でしょうか。2章で紹介した感情の原因と組み合わせて考えることで効果的な感情別の対処法を考えることができます。

羞恥は認知的なミスを自分で認めているからこそ生じる感情です。したがって、解答ミスに羞恥反応をする生徒には、問題の答えを解説して、次はミスしないように促すという普通の対応でよいでしょう。怒りは障害に対して生じる感情です。ミスをしたことに対する自分に怒りを抱いている可能性も考えられなくはありませんが、攻撃的・反社会的性格傾向を持つ生徒ということを勘案すると、ミスを指摘されることを障害と認識している可能性が高いと考えられます。したがって、解答ミスに怒り反応をする生徒には「間違えたことをちゃんと自覚しないとまた間違えてしまうよ」と毅然とした態度、真面目な顔（中立顔）、ときに厳しい表情（弱い程度の怒り表情）で伝えるという対応が望ましいでしょう。恐怖は、危険の察知に対して生じる感情です。解答ミス＝恐怖と捉えている可能性が高いでしょう。恐怖を取り除くのに必要なものは、安心・安全です。安心・安全を伝えるための効果的な表情は、笑顔です（乱気流で墜落してしまうのではないかという不安を払拭してくれるキャビンアテンダントの方の笑顔を思い出してください）。したがって、解答ミスに恐怖反応をする生徒には、「間違うことは怖いことではないんだよ」と笑顔で伝え、解答解説後に同レベルの問題か少しレベルの簡単な問題に挑戦してもらい、恐怖を取り除く対応が望ましいでしょう。

このように子どもの表情を観察することで、子どもがある状況にどんな感情反応を抱いているかがわかります。そして感情にはそれぞれ固有の原因があるため、その原因に適切にアクセスすることで、状況を改善に導くことができるのです。この話は単なる机上の空論ではありません。手前味噌な例ですが、私は今の仕事をする以前、塾や予備校で中高生や社会人に英語を教えていました。そのとき、生徒の表情の変化の違いに対して、教え方や指導方法を変えていました。つまり感情の原因に適切にアクセスした指導を心がけていたのです。その結果、生徒の成績がグンと伸びる様を幾度となく目の当たりにしてきました。

ミスをした部下への正しい叱り方

それでは子どもに対する感情教育のロジックをビジネスの場に適応させてみましょう。私が携わってきたコンサルやビジネスの現場で同じロジックが上手く機能していた体験から説明したいと思います。

みなさんが責任ある立場にいると仮定しましょう。仕事のミスをした部下に対してどのように叱りますか。頭ごなしに叱るのはよくないというセオリーはあると思いますが、部下が仕事のミスにどんな感情を抱き、どれほど反省しているかを汲み取ったうえで、気持ちを込めて「感情的に叱る」ことができたら一流のマネージャーです。例題を用いて、部下の感情別に「感情的に叱る」方法を考えてみましょう。

例題——昨日の営業先での出来事

営業部の三好さんは、新商品の良さをアピールする熱が強すぎて先方の質問まで遮り、独擅場。途中から、先方も消化不良でぐったりした様子。当然、新商品を購入してもらうことはできませんでした。翌日、課長のあなたは三好さんを呼び、昨日のことについて注意しました。三好さんは口では「昨日のことは申し訳ありませんでした」と言っています。しかし、三好さんの態度を見ると、言葉以上に雄弁に語りかけるものがありました。三好さんが、怒り・嫌悪、恐怖、悲しみ、という感情反応だった場合、それぞれどのように指導の仕方を変えますか？

三好さんが怒りあるいは嫌悪表情で反応したとしましょう。怒りもしくは嫌悪なら、今回の取引を失敗させた何かを障害あるいは取り除きたいモノと考えています。「どうして今回の事態が起きたのだと思いますか」と、真顔で問いましょう。まずは今回の怒りや嫌悪の原因が自分にあるのか、先方にあるのか、あるいは他にあるのかを問います。このようにまずは感情を吐き出してもらい、それが正しい方向に向けられているのかを確認します。今回のケースなら、失敗の原因が自分だとちゃんと理解していれば、今後の予防策を考えてもらえばよいでしょう。

三好さんが恐怖で反応したとしましょう。失敗を恐怖と捉える人は、失敗を回避しようとするあまり、挑戦的な難しい仕事を今後避けるようになってしまう可能性があります。そうならないためには、失敗することに安心や安全を与えてあげることです。たとえば、「昨日は熱意が空回りしてしまいましたね。失敗は誰にでもありますよ」と笑顔で伝え、「同じことが起きないように今後はどうしたらいいと思いますか」と今後の予防策を考えてもらうとよいでしょう。安心・安全を与えるには、笑顔で伝えることが必須です。もちろん上司の笑顔一つで失敗=恐怖という図式から抜け出せるとは限りません。しかし、恐怖にとらわれる思考から脱出する手助けはできるでしょう。なお、ちょっとした恐怖が残っていることは予防策を考えるうえで、効果的です。失敗することに対し恐怖を残していても、少なくとも自分の身の安全は保障された場合、予防策を考える余裕が生まれます。失敗に恐怖を感じる人は、安全・安心を維持できるように、失敗しないための予防策を練るのが普通の人より得意なのです（保険制度が良い例です。将来に不安を抱く人ほど、色々な保険を見つけ出し、加入しますよね）。

最後に三好さんが悲しみで反応したとしましょう。悲しみは、大切なヒト・モノの喪失を原因に生じます。失敗を何の喪失と捉えているか確認してみましょう。仕事の範疇に留まらず、全人格的に自尊心を喪失しているようならば、一度取引に失敗し、多少の損失を引き起こしただけであることを毅然とした態度かつ笑顔で伝え、自尊心喪失の原因を明確化する必要があります。しかし、きちんと原因を認識しており、「俺には営業の才能はないんだ」と、自分の営業能力の喪失として捉えている場合は、「この失敗を次に活かしましょう」と悲しみ表情で共感しながら伝えるか、笑顔で元気づけながら伝え、今後の予防策を考えてもらいましょう。

このケースに限らず、物質的な損害がないにもかかわらず、自分の良さや才能までも喪失してしまっていると勘違いしてしまう人がいます。たとえば、失恋が好例です。何年も付き合い、結婚に至らなかった、そんな場合は別ですが、まだ付き合ってもなく、告白したらフラれてしまった場合、別にフラれたことでその人自身の良さや尊敬すべき人柄が失われたわけではありません。フラれたことを悲しんでいる人に「あなたは○○なところがダメなんだ」と傷に塩を擦り込むような方をよく見ますが、これはほとんどの場合、相手の感情を無視したアドバイスです。「あなたの良さはフラれる以前と何も変わらない。この良さを理解してくれる人を一緒に探そう」と悲しみ表情や幸福表情で言える人が感情に寄り添える人というものです。

失敗に対する部下の反応は例に挙げた以外にも色々あると思います。2章で紹介した感情の原因を参考にしながら、感情別の指導法を考えてみてください。適切な受け皿で部下の気持ちを受け取り、適切な感情で返すことで、部下の心に響き、信頼を得られる上司になれるのではないでしょうか。

まとめ

- 相手の性格、感情の表出の仕方によって、適切な「叱り方」は変わる。
- 仕事上の失敗に対して、「怒りや嫌悪」を抱く部下には、失敗の原因を明確にするよう叱る。「恐怖」を抱く部下には、「失敗しても大丈夫」という安心感を与えるようにする。
- 一方、「悲しみ」を抱く部下には、原因もわからずに自尊心が損なわれていると感じているようなら「仕事上の失敗」だと認識させ、原因はわかっているものの営業能力が損なわれていると感じているようなら、「局所的な失敗」に過ぎないと元気づける。

⑤就職・転職・自己PR――「ウソ」と誤解されないために

本節では、就職や転職での面接のときや何らかの自己アピールが必要な場面で、自分の想いや感情を適切に伝える方法について紹介したいと思います。本節と他の節との大きな違いは、「した」方がよいことではなく、「しない」方がよいことを紹介している点です。しない方がよいことに力点を置く理由は、しない方がよいことをしてしまうと相手にウソをついているという印象を与えてしまうためです。特に面接という場面では、ときに面接官は応募者のウソを推定する必要があります。多くの面接官はウソのサインについて科学的な知識もなく、それを推定する専門的なトレーニングも受けていないため、応募者の単なる緊張を意味する動きをウソのサインと誤解してしまうことがあるのです。

本当にウソをついていないのに誤解されるほど悲しいことはありませんよね。そこで本節でウソのサインと誤解されてしまいやすいサインを学んでいただき、誤解を防ぐヒントをご紹介します。

面接官に疑われる「緊張・熟考のサイン」

面接官に「ウソをついている」という印象を与えてしまうとき、多くの場合、応募者の表情やしぐさからは緊張や熟考のサインが出ています。緊張と熟考のサインの中には、確かに科学的にウソのサインだと実証されているサインも含まれているのですが、多くの場合は単なる緊張や熟考のために表れてくるサインであり、ウソとは関係ありません。それでは緊張や熟考を示すサインとはどんな種類があるのでしょうか。

ここでクイズに挑戦していただきたいと思います。面接官になった気持ちで答えてください。

問題――面接でのウソのサイン

面接に訪れた応募者が、様々な回答をする中で次の①~④のサインを見せました。この中で科学的に実証されている真のウソのサインはどれでしょうか？

①瞬(まばた)きが増える
②目をそらす

③身振り・手振り（イラストレーター）が減る
④顔や鼻を触る（マニピュレーターが生じる）

答えを発表する前にウソを見抜こうとするときの私たちの性(さが)と能力について紹介したいと思います。深刻なウソと隣り合わせで生きていない普通の生活を送る私たちは、正直バイアスというものを持っています。「人は正直なものだ」という性善説的な考えの傾向のことです。これにより、私たちは普段、人の発言を聞いているとき、それを正直なものだと仮定して聞いています。一方で、深刻なウソと隣り合わせ、あるいはウソを見抜かなくてはいけないプレッシャー下にある警察官や面接官は、ウソバイアスというものを持っています。これは正直バイアスの逆で、「人はウソつきだ」という性悪説的な考えの傾向のことです。

正直バイアスもしくはウソバイアスを持ちながら、私たちは日々、他者の発言の真偽を推定しているのです。それでは実際の正答率、つまり私たちのウソを見抜く能力はどれくらい高いか、様々な研究がほぼ同じ見解を示しています。それによれば、私たちのウソ検知の正解率は、54％です。この数字は高いのでしょうか。それとも低いのでしょうか。ウソをついているか本当のことを言っているかは、単純に考えれば50％の確率で生じます。ですから目の前の相手がウソをついているか否かをヤマ勘で答えたとしても、半分は当たるということになります。つまり、54%という数字はヤマ勘よりは少し良いという程度なのです。この数字は、警察官の場合多少高くなるという研究も存在しますが（60%くらい）、ウソに多く接している仕事をしている人でもあまり私たちとウソを見抜く能力には違いがないことがわかっています。

ここに問題があります。もし目の前にいる面接官がウソバイアスを持っており、ウソに関する知識がなく、ウソを見抜くトレーニングを受けていない場合、応募者が本当のことを話していてもウソとは関係のない緊張や熟考のサインに過剰に反応し、ウソだと誤解してしまう可能性が高まってしまうということなのです。だからこそ、こうした誤解を与えないための準備が必要なのです。

それでは先の問題の答えと解説をしながら、誤解を与えない準備をしましょう。準備のためには正しい知識と適度な身体コントロールが要となります。解説をよく理解していただき、正しい知識を身につけてください。そして面接官に誤解を与えない工夫や身体コントロールを意識してください。

①瞬きが増える

これは緊張のサインです。私たちは緊張すると瞬きが増えます。ウソをついていても緊張しますが、ウソをついていなくても緊張すれば瞬きは増えますので、瞬きの増加というサインでウソを見抜くことはできないのです。しかし「緊張している＝ウソをついている」という図式が浸透しているため、こうした誤解が流布してしまっています。面接という場面では確かに緊張しますが、模擬面接含め何度も面接を受けるようにし、面接という場に慣れ、極度に緊張しないようにする、あるいは緊張して自分の瞬きが増えていることを感じたら、「すみません。緊張してしまいまして。少し落ち着く時間をください」など言葉を添え、緊張＝ウソだという面接官の図式を完成させない努力が大切です。

また過度に瞬きをしない身体コントロールを練習すれば誤解を回避できます。たとえば、自分が普段1分間にどのくらい瞬きをするかカウントし、そのベースからあまり外れない程度に瞬きの量をコントロールできるようにするのも一つの手です。

②目をそらす

これは熟考のサインです。集中して物事を考えるとき目の前にある視覚情報が邪魔になるため、上もしくは下に目をそらします。上には天井があり、下には床があります。つまり上と下は視覚情報が少ないため集中しやすくなるのです。確かにウソをつくときも頭を使うため熟考しますが、面接で想定外の質問をされたら熟考せずにいられません。目をそらすという動きは必ずしもウソを意味するわけではないのです。しかし、この目をそらすという動きもウソのサインという誤解が広がっています。熟考する必要があるときは、目をそらすと同時に「少し考えさせてください」「難しい質問なので回答を整理する時間をください」というような言葉を添え、誤解を避けるようにしましょう。

ところで、目をそらすことがウソをついているという誤解を与えるならば、目をそらさないで相手を見つめようと考える方がいるかもしれません。しかし、これはオススメしません。なぜなら私たちは人にじーっと見つめられると落ち着かなくなるからです。相手を見過ぎても、見なさ過ぎても不信感を与えてしまうのです。

③身振り・手振り（イラストレーター）が減る

これこそウソのサインです。もちろん普段から身振り・手振りを用いて話をしない人にとっては、それがベースの状態ですのでウソのサインにはなりませんが、ウソをついた人とついていない人とを比べると傾向的には、ウソつきは身振り・手振りが減ります。これはビジュアル化する情報を持っていないためです。本当に見ていないものを「見た」と言い、想像だけでビジュアル化するのは難しいですよね。相手に本心を適切に伝えるために、イラストレーターを使いこなせるようにしましょう。

④顔や鼻を触る（マニピュレーターが生じる）

これは緊張あるいは熟考のサインです。もっと広い意味で言えば、感情がブレている、不安定であることを示すサインです。これもよくウソのサインだと誤解されるサインです。顔や鼻を触ると安心できるため、緊張したり、感情が不安定になると無意識に触ってしまうのです。自分の無意識のこうした動きに意識的になり、面接などで顔や鼻を触っていることに気づいたなら、緊張していることを言葉を添えて伝えたり、過度に顔や鼻を触らないように身体をコントロールできるようにしましょう。

以上、面接官にウソをついている誤解を与えてしまうサイン及びその対処法を紹介してきました。これらの対処法を知識として知ることと実際にできるようになることには雲泥の差があります。自分の動きを撮影、あるいは鏡に映しながら観察したり、模擬面接などで他者に指摘してもらうなどしてください。自分の変な動きのクセがあるならば、それをしないように意識したり、たとえそうした動きが出てしまっても誤解を避ける言葉を添えられるように日々練習することが大切です。

まとめ

- 「瞬きが増える」、「目をそらす」、「顔や鼻を触るなどマニピュレーターが生じる」といった、よく「ウソのサイン」と見なされている動作は、あくまで「緊張している」「動揺している」サインであって、ウソをついているとは限らない。
- 「身振り・手振りが減る」のは、ウソをついているサイン。

⑥異文化コミュニケーション——外国語ができてもできなくても

本節では、異なる文化圏の人々とのコミュニケーションにおいてノンバーバル・シグナルを効果的に活用する方法を紹介します。もしかすると3章の中で最もノンバーバル・シグナルの重要性が実感できる節になるかもしれません。その理由は二つあります。一つは、ノンバーバル・シグナルを適切に用いることで、外国語ができなくても想いを伝えることができるからです。もう一つは、外国語がいかに巧みでも、ノンバーバル・シグナルを意識しないコミュニケーションは誤解を生み、空虚になるからです。この二つの理由を巡りながら、異文化コミュニケーションでどのようにノンバーバル・シグナルを用いればよいかを考えます。

万国共通／文化固有、それぞれのノンバーバル・シグナル

私は高校生の頃、オーストラリアに2週間ほどホームステイをしたことがあります。オーストラリアの家庭料理を毎日、味わうことができました。ある朝、食卓に出ていたパンにチョコのようなペースト状のモノが塗られていました。「これ何だろう?」と思い、口に入るか入ら

ないかするうちに私の顔には嫌悪の表情が浮かびました。私の表情を見たホストファミリーのお母さんが「それは口に合わなかったら、残しても大丈夫よ」とやさしく言ってくれました。私が口にしたのは、ベジマイトというオーストラリアでポピュラーな発酵食品だと後からわかったのですが、食べ慣れていないとクセのある食品だったのです。このとき私は意図的に嫌悪の表情をしたわけではありませんでしたが、言葉を使わずとも「マズイ！」が伝わった好例です。

もう一つ例を見てください。私が知り合いのアメリカ人からパーティーの準備をお願いされたときのエピソードです。私はパーティーの準備のためにアメリカ人の女性とイスを並べていました。その女性がイスを並べながら私に英語でこのように言いました。

“Please scoot over …….”

それを聞いた私は、イスを置く間隔を狭めました。“scoot over”とは、「寄せる、ずらす」といったニュアンスを持つ言葉です。しかし、私が女性の意図を読み取り、適切な行動が取れたのは、この英語の意味を知っていたからではありません。女性のノンバーバル・シグナルを読み取ったからです。女性は〝scoot over〟と言いながら、すでに並べられたいくつかのイスを押すようなイラストレーターをしたのです。そのイラストレーターから私は、〝scoot over〟とは「寄せる」という意味なんだなと思い、行動に移すことができたのです。もしその女性がイラストレーターをせずに〝scoot over〟とだけ言っていたら、その言葉の意味を知らない私は女性の意図を受け取ることができなかったわけです。言葉がわからなくてもノンバーバル・シグナルがわかれば、意思疎通が図れることを示す例です。

これまで紹介してきた表情としぐさは万国共通のものです。したがってそれぞれの意味と表現の仕方を知っていれば、世界中の人々とコミュニケーションができるのです。ベジマイトの例のように嫌悪表情をすれば、言葉を使わなくても「嫌い」だということを伝えることができます。〝scoot over〟の例のように言葉の意味がわからなくても、押すというイラストレーターをすれば、押すという意味を伝えることができます。

しかし、使用に際して注意があります。言葉が使えない・通じない場合、表情やイラストレーターが問題になることはほぼなく、むしろ言葉が使えない分、ややオーバーに表現してもよいでしょう。しかし、エンブレムの使用には注意が必要です。前述のように、形は同じでも意味が異なるエンブレムが世界には無数にあるからです。自分が意図したエンブレムが全く異なる意味として理解されてしまう危険があるのです。たとえば、親指と人差し指をくっつけ輪をつくり、その他の指を広げた形は、日本やアメリカでは「ＯＫ」を意味しますが、フランスでは「無価値」、ブラジルでは「侮辱」を意味します。したがって、日本人以外の人にエンブレムを使用するときは、自国独自かも知れないエンブレムの使用は避け、万国共通のエンブレムや外国人が使用しても問題のないその国・地域独自のエンブレム（ハワイのアロハなど）を使えるようにしましょう。

集団主義／個人主義、文化圏による違い

言葉が通じないときにノンバーバル・シグナルが役に立つということは言ってしまえば当たり前のことです。本当にノンバーバル・シグナルの使い方が重要になってくるのは、外国語が使える・通じるからこそである理由をこれより説明したいと思います。言葉が通じない相手に私たちは寛容です。「言葉が通じないんだから、しょうがない」と誤解や無礼な作法があっても許せてしまうのです。外国人から片言のタメ口で話されても、気にならないことでしょう。それでは日本語が巧みな外国人の方を想像してみてください。途端にその方の言葉遣いや態度が気になってきます。日本人と同じように振舞っていないと何となく違和感を抱いてしまうこ

とはないでしょうか。この違和感の原因の一つがノンバーバル・シグナルの使い方なのです。

表情筋を動かす部位やしぐさの形そのものは世界共通でも、それぞれをどれだけ動かすかという「アクションの強さの程度」やそれぞれをどんな状況で行うかという「アクションのタイミング」は、文化によって異なります。つまり私たち人類は、万国共通のノンバーバル・シグナルをコミュニケーションの核として持ちながら、その使い方は各文化に合うように調整しているのです。通常のコミュニケーションでは、言語と非言語は調和の取れた状態で行われるため、非言語の調整の伴わない言語は誤解や違和感の温床になってしまうのです。それでは文化によってどのような調整が行われているのでしょうか。

コミュニケーションにおいて感情表現が豊かな文化圏と乏しい文化圏とがあります。その程度は文化圏同士を比べることで見えてくる現象ですので、どこの文化圏が豊かか積極的かは、あくまで相対的にしか決めることはできません。しかし大枠的には、西欧諸国を中心とした個人主義的な国々はアジア諸国を中心とした集団主義的な国々に比べ、感情表現が豊かな傾向にあります。両者の関係を次のページの図表②に表しました。右に行けば行くほど個人主義度が強いことを示し、上に行けば行くほど感情表現が豊かであることを示しています。

感情表現が豊かであるということを各ノンバーバル・シグナルの使い方に限定して説明する

【図表② 個人／集団主義度と感情表現度の相関図】

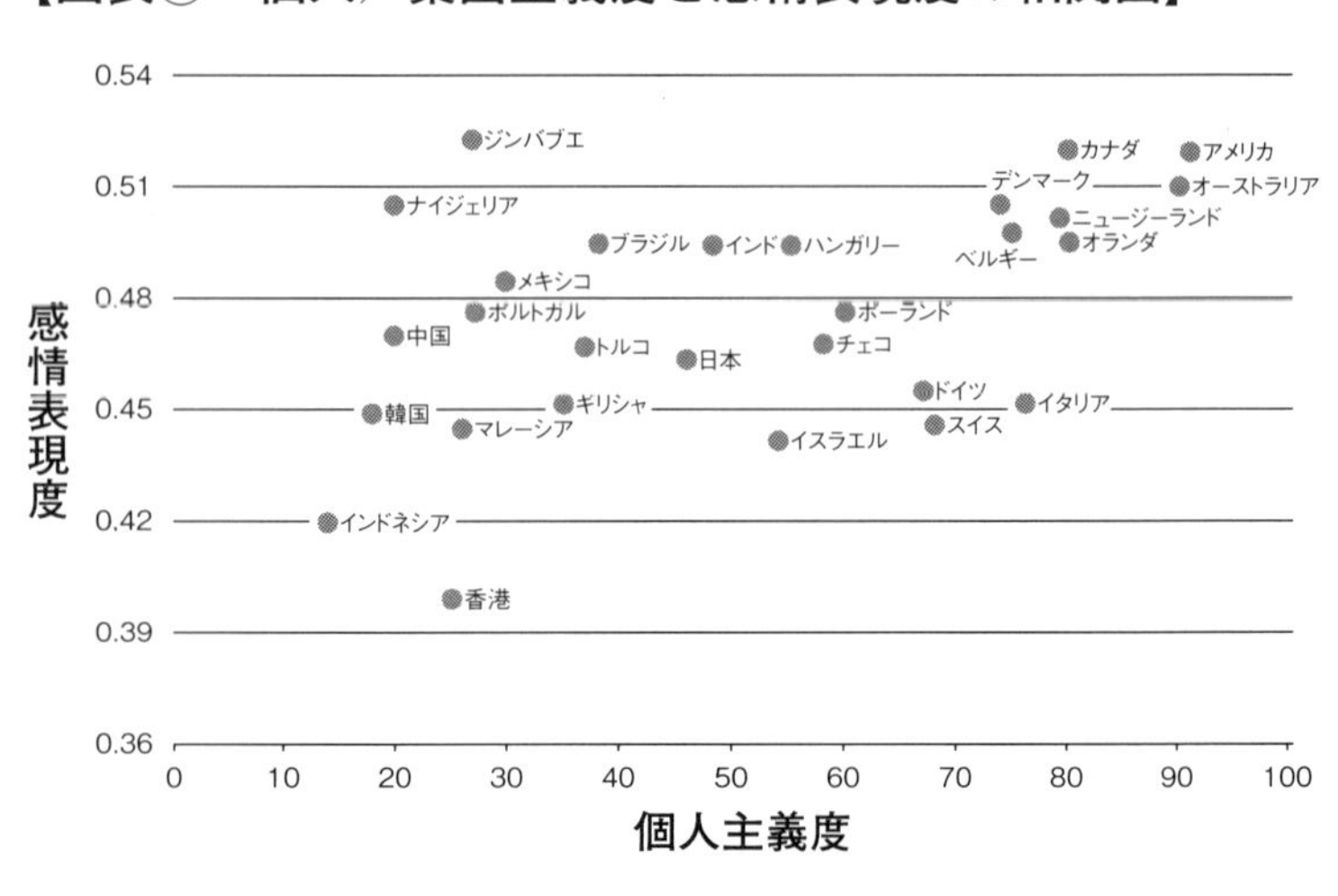

と図表③のようになります。

個人主義的な国の人が感情表現豊かにノンバーバル・シグナルを積極的に使う理由は、個人主義的な国の人は、集団の価値観より個人の価値観を重視し、自分の考えをわかりやすく表明・表現することが良いことだと考えているからです。逆に集団主義的な国の人は、個人の価値観よりも集団の価値観を重視するため、自分の考えを抑えることが良いことだと考えています。個人の考えを自由に発言してしまうと集団の価値観と衝突し、集団の和を乱す可能性を恐れるのです。結果的に、集団主義的な国の人は、ノンバーバル・シグナルを消極的に使うようになるというわけなのです。

まとめますと、個人主義的な文化圏の言語を

【図表③　各ノンバーバル・シグナルの表現度による違い】

ノンバーバル・シグナルの種類	感情表現の程度	
	感情表現が豊か	感情表現が乏しい
表情	表情が豊かで、色々な表情をよく使う	表情が乏しく、表情の発現を抑制する
身体動作	イラストレーターとエンブレムをよく使う	イラストレーターとエンブレムをあまり使わない
接触	他者によく触る	他者にあまり触らない
姿勢	リラックスし、手や足を広げる	緊張し、手や足を組む

使ってコミュニケーションを取っているにもかかわらず、感情表現が乏しければ、その文化圏の人々からは「何か変！」と思われてしまうのです。逆に集団主義的な文化圏の言語を使ってコミュニケーションを取っているにもかかわらず、感情表現が豊かだと、これもまたその文化圏の人々からは「何か変！」と思われてしまうのです。「何か変！」といった軽い違和感レベルならばそれほど問題はありませんが、これが交渉や警察の取り調べなど、状況がシリアスになればなるほど、深刻な誤解を生む要因となります。

個人主義的な文化圏、たとえば、アメリカ人との交渉の際に、ノンバーバル・シグナルを用いない、つまり、イラストレーターをほとんど使わず、表情も動かさず、姿勢を固めていたら、「この人は本当にプレゼンする気があるのだろうか」「何か隠しているのではないか」と思われてしまう可能性が高まってしまうでしょう。郷に入れば郷に従え、です。個人主義的な文化圏の言語を使うなら、ノンバーバル・シグナルを豊かに使い、集団主義的な文化圏の言語を使うなら、ノンバーバル・シグナルがオーバーにならないように意識することがコミュニケーション上の基本スタンスです。

文化が決める暗黙の表出ルール

さて一言に感情表現が豊か・乏しいと言っても、私たちは常に感情表現を豊かに、あるいは乏しく振舞うわけではありません。その程度と種類はもちろん状況によって変わります。感情表現を示すとき、それがポジティブなのか、ネガティブなのかも、文化による価値観、本節で言うところの集団主義・個人主義の影響を受けます。たとえば、みなさんは次のようなコミュニケーションシーンでどのように振舞うかイメージしてみてください。

シーン1：カフェで飲み物をオーダーし、お金を払うときの店員さんとのやり取り

シーン2：上司から理不尽な要求をされたときのリアクション

おそらく、集団主義の文化圏に住む私たち日本人は、カフェの店員さんには真顔で、上司には笑顔で対応するのではないでしょうか。個人主義的な文化圏を代表するアメリカ人だと、カフェの店員さんには笑顔で、上司には怒り表情で対応するでしょう。カフェの店員さんと上司に対する対応が、両者で大きく異なっています。

なぜこのような差が生じるのでしょうか。集団主義的な文化圏に暮らす人々は、親近感を感じる人、よく知っている人、長い間付き合っている人などの仲間内の集団と、公共の場で触れ合う人、それほど親密な関係ではない人、まだ知り合って間もない人などの仲間外の集団との違いを明確にし、仲間内の集団の一体感を高めていくような感情表出をする傾向にあります。具体的には、集団主義的な文化圏では自分が属する集団の安定的な調和を保つことに重点が置かれるので、仲間内の集団内ではネガティブな感情の表出が抑制され、ポジティブな感情（たとえば、笑顔や相手の感情に同調・共感するような表情）の表出が期待されます。逆に仲間外の集団に対しては、調和を意識することない感情（たとえば真顔や露骨に否定的な表情）の表出も許されます。したがって、通常、仲間外の集団だと考えられるカフェの店員さんには真顔で対応し、仲間内の集団だと考えられる上司には笑顔で対応します（もちろん、それが本心かどうかは別です）。

【図表④　文化タイプによる仲間内／外への感情表出】

	文化タイプ	
	集団主義	個人主義
仲間内の集団	ネガティブ感情の表出: 望ましくない ポジティブ感情の表出: 望ましい	ネガティブ感情の表出: 許容される
仲間外の集団	ネガティブ感情の表出: 許容される (望ましい場合さえある)	ネガティブ感情の表出: 望ましくない ポジティブ感情の表出: 望ましい

一方、個人主義的な文化圏に暮らす人々は、集団主義の感情表出の傾向とは逆を示します。個人主義的な文化圏の場合、個人が属する集団に対する一体感は集団主義的な文化圏と比べて低いため、人々はいつでも現在の仲間内の集団を離れ、他の（今は仲間外の）集団に移る可能性を秘めています（アメリカ人の転職率や引っ越し率の高さを想像していただければと思います）。したがって、個人主義的な文化圏に属する人々は、自分が現在属している仲間内集団に対しては「個」の重視という考えに基づき、感情表出を自由に行い、ネガティブな感情を出すことも許されます。仲間外の集団に対しては、いつ訪れるかも知れない「籍替え」に備え、ネガティブな感情を抑制し、ポジティブな感情の表出を行

う傾向にあります。そのため、仲間内の上司には自分の感情をストレートに、仲間外のカフェの店員さんには笑顔で対応するのです。

それぞれの関係をまとめたのが図表④です。異文化の人々とコミュニケーションをするとき、誰に対してどんな感情表現をするのが適切なのかを知る参考にしてください。特に集団主義に属する私たち日本人にとっては、個人主義の文化圏に属する人々と、かつ仲間内でコミュニケーションをするとき、ネガティブな感情を出してでも自分の主張ができるようになることは、その集団でよりよく生きるために必要なスキルとなるでしょう。

まとめ

- ●ノンバーバル・シグナルの強弱や表出の仕方は、文化によって適切さが変わる。
- ●集団主義的文化圏では仲間外の人にネガティブな感情の表出が許容される。一方、個人主義的文化圏では仲間内の人に対してそれが許される。

⑦舞台・演技──「表情」の発展編

本節では、日常・ビジネスシーンの番外編として舞台・演技での表現方法について紹介したいと思います。とはいえ、シーン別に「こういうキャラクターはこんな感情表現で演じる必要がある」というような演技指導をするわけではありません。本節では、本当の感情が心にあるときの表情と表層的に作ったときの表情との違いや、複雑な感情があるときの表情、感情が抑制されたときの表情の見え方について扱います。本節の知見は、主に職業役者の方たち、表情を描く仕事をするイラストレーターや漫画家の方たちに活用していただける内容です。とはいえ、役者さん並みの演技を必要とする職務に従事している方やドラマや舞台の中の役者さんの感情表現をより細かな視点から楽しみたい方にも参考になる内容だと思います。

「ニセの表情」はどこが違うのか？

私は仕事柄、テレビ・舞台の制作者の方たちや役者さんとお仕事をすることがあり、ときに表情の演技のコツを監督さんや役者さんに指導します。役者さんが役になりきれるような条件が整っていれば、私の演技指導は必要ないのです。しかし、ある表情の瞬間だけを撮影する必要がある場合や役者さんの気持ちがどうしても乗らず役になりきれないときなど、リアルな表情を人工的に作る指導が必要になります。リアルな表情を作ることを通じて、役者さんの心に本当の感情がなくても、本当の感情があるように見せたり、本当の感情を呼び起こす呼び水を作ることができたりするようになるのです。

本当の感情がないときに演技された表情や感情が弱いときに演技された表情というものには、あるべき表情筋の動きがないのです。たとえば、役者さんが本当は悲しくない、あるいは弱い程度の悲しみしか感じていない場合に号泣する演技をするとします。すると、口角は下がり、下唇は引き上げられ、口元には悲しみが表れるのですが、眉の内側が引き上げられない、すなわち、ハノ字眉が形成されず、額には悲しみが表れないのです。こうした場合、たとえ目から涙（目薬？）が流れていたとしても、私たちの目をごまかすことはできず、心から悲しんでいるようには見えません。

それでは、これまでの研究でわかっている本当の表情と作られた表情を表情別に見てみましょう。それぞれの違いを比べると、ほんのちょっとの差が真実とウソとを分けていることに驚かされるでしょう。なお、本節で紹介する本当の表情とは、感情が抑制されず、自由に表出

【図表⑤ 「本当の表情」と「作られた表情」】

	口	鼻	目	眉
本当の幸福	口角が引き上げられる	―	頬が引き上げられ、目じりにしわができる	―
作られた幸福	口角が引き上げられる	―	頬が引き上げられ、目じりにしわができる（タイミングがずれる）	―
本当の恐怖	口角が水平に引かれる 口が開かれる	―	・目が見開かれる ・まぶたに力が入れられる	・眉が引き上げられる ・眉が中央に引き寄せられる
作られた恐怖	顎の力がぬける	―	目が見開かれる	眉が中央に引き寄せられる
本当の怒り	・唇が上下からプレスされる ・唇に力が入れられている状態で口が開く	―	・目が見開かれる ・まぶたに力が入れられる	眉が中央に引き寄せられる
作られた怒り	・下唇が引き上げられる ・口角が水平に引かれる ・唇が巻き込まれる	―	目が見開かれる	眉が中央に引き寄せられる

	口	鼻	目	眉
本当の驚き	口が開かれる	―	目が見開かれる	眉が引き上げられる
作られた驚き	・口角が水平に引かれる ・顎の力がぬける	―	目が見開かれる	眉が引き上げられる
本当の悲しみ	・口角が引き下げられる ・下唇が引き上げられる	―	目の内側が引き上げられる	
作られた悲しみ	・口角が引き下げられる ・下唇が引き上げられる ・唇が巻き込まれる ・顎の力がぬける	―	―	―
本当の嫌悪	上唇が引き上げられる	鼻の周りあるいは鼻そのものにしわが寄る	―	―
作られた嫌悪	・上唇が引き上げられる ・口角が水平に引かれる ・口が開く ・顎の力がぬける	―	頬が引き上げられ、目じりにしわができる	眉が中央に引き寄せされる

されたときの自然な表情の典型例です。また作られた表情は、プロの役者に演技をしてもらった表情の典型例です。それぞれの差を前ページの図表⑤にまとめました。

全体的に言えることは、本当の表情と作られた表情とには表情筋の動きに「過不足がある」ということです。過不足の「過」に関しては、それを動かさないようにすればよいのでそれほど困難ではないでしょう。問題は「不足」の方です。特に恐怖表情と悲しみ表情の練習が大切です。本当の恐怖表情で動く「眉が引き上げられる」動きと「眉が中央に引き寄せられる」動きのコンビネーションと、本当の悲しみ表情で動く「眉の内側が引き上げられる」動きは、様々な研究から意図的に作ることが難しいということがわかっています。（しかし、練習すればできるようになります。私を含め表情分析の専門家たちは、表情分析の専門マニュアルを習得する過程で様々な表情筋を動かす練習をする必要があるため、感情がなくてもどんな表情もリアルに作ることができるのです。）リアルな恐怖表情と悲しみ表情を演技するには、これらの動きを集中的に練習することが重要なのです。

表情の語法――混合表情・微表情・微細表情

図表⑤にある各本当の表情は、一つの感情が顔に表れたときの表情です。さらに言いますと、感情が抑制されず、自由に表現されたときの表情です。しかし、私たちは常にこうした単一の感情だけを抱いているわけではありません。複数の感情が同時に生じたり、感情を抑制したり、弱い感情しか感じない場合があります。このような場合、私たちの顔にどんなふうに表れるのでしょうか。

■混合表情

二つ以上の感情が顔に表れた場合、その表情は混合表情と呼ばれます。たとえば、友人からサプライズで誕生日のプレゼントをもらうシーンを想像してください。驚きと喜びが同時に生じると思います。このような場合、驚きの表情の動きと幸福の表情の動きが組み合わさって生

【嫌悪＋幸福の混合表情　図解】【驚き＋幸福の混合表情　図解】

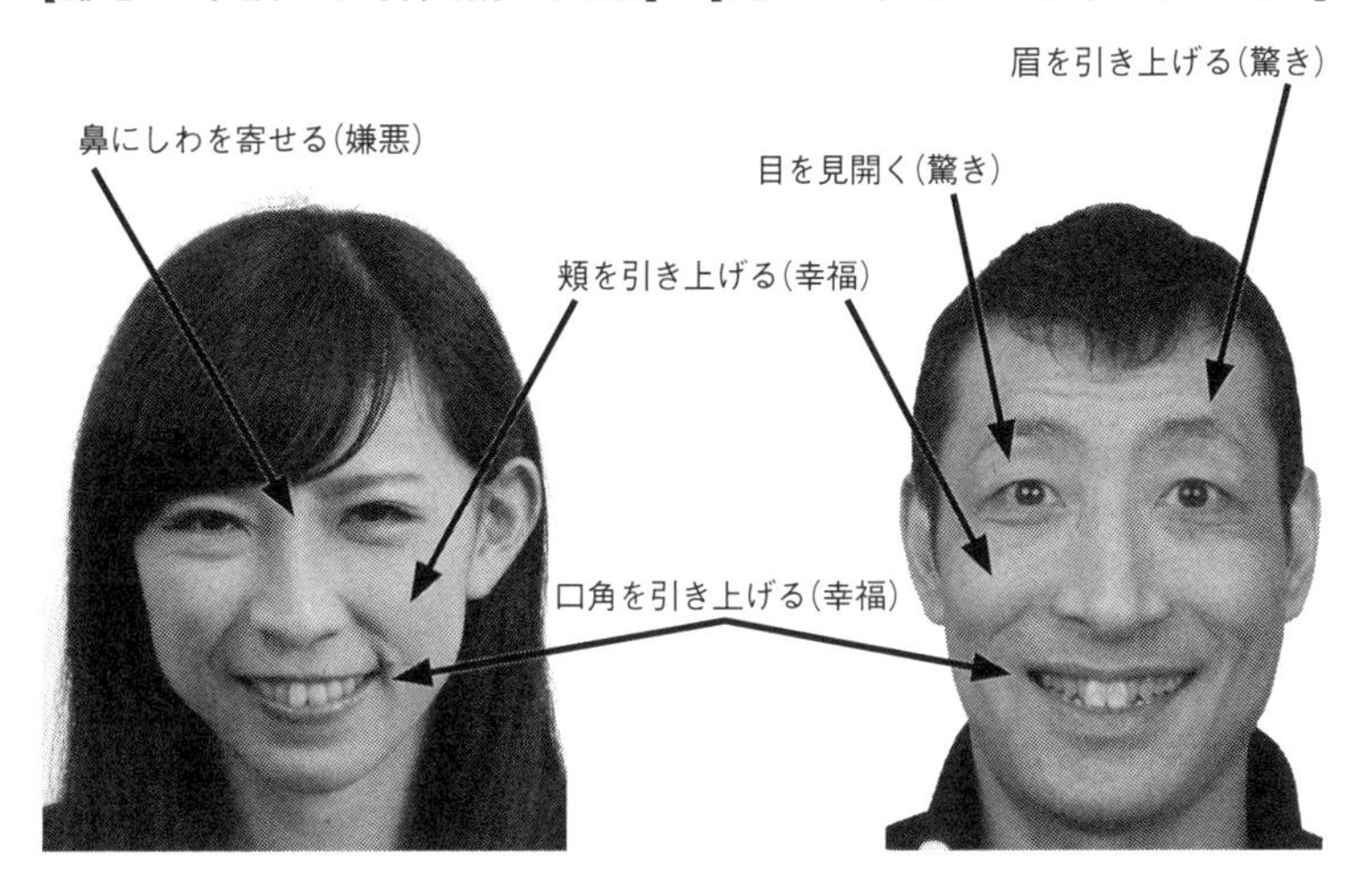

じます。典型的な表情としては、「眉が引き上げられる」＋「目が見開かれる」＋「頬が引き上げられる」＋「口角が引き上げられる」＋「口が開けられる」、という表情になります。こんな場合はどうでしょうか。くさやが好きな人がくさやを食べるとき、どんな顔をしますか。嫌悪と幸福が混ざるでしょう。くさやの臭さが心地よいのです。典型的な混合表情としては、「鼻にしわが寄せられる」＋「頬が引き上げられる」＋「口角が引き上げられる」、という表情になります。

混合表情を表情として表すコツは、単一の表情の動きを曖昧さを残さずしっかりとマスターすることです。そうすれば、あとは表情の組み

【怒り＋幸福の混合表情　図解】

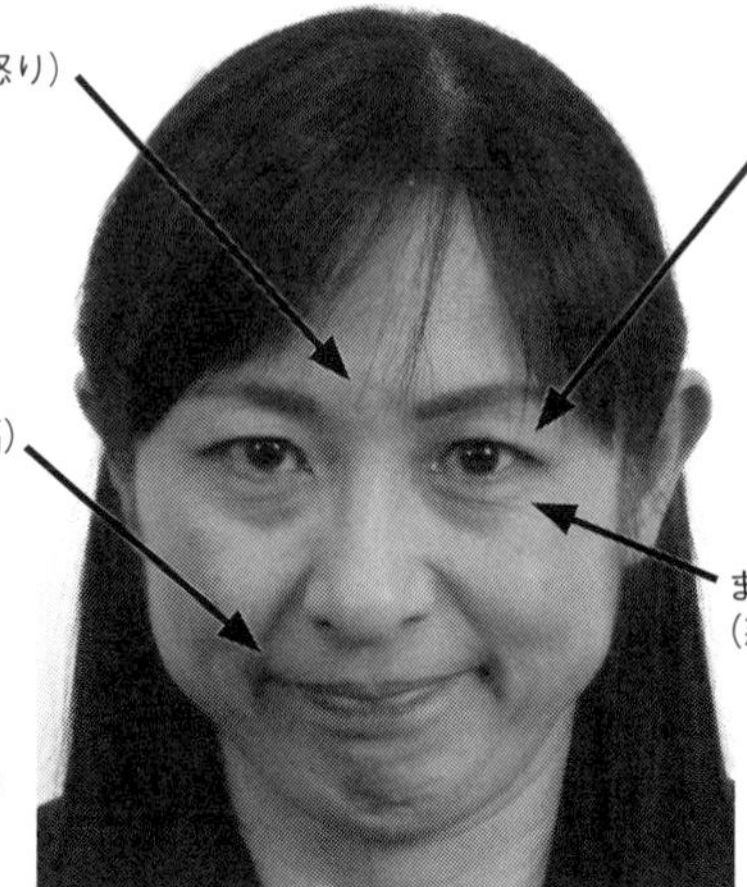

※この図では、「唇が上下からプレスされる」という怒りに関連する動きも加わっています。

合わせをすればよいだけですので、あらゆる混合表情を表現することができます。たとえば、目には怒り、口は幸福を表現したいと考えれば、「眉を中央に引き寄せる＋目を見開く＋まぶたに力を入れる」怒りの表情と「口角を引き上げる」幸福の表情を作ればよいのです。

さらに複雑な混合表情もあります。お化け屋敷が好きな方が、お化け屋敷で驚いているシーンを想像してください。驚かされ驚き、お化けが怖くて恐怖、恐怖を感じることが好きで幸福、と三つの感情が混合表情として生じるのです。典型的な表情としては、「眉が引き上げられる」＋「眉が中央に引き寄せられる」＋「目が見開かれる」＋「まぶたに力が入れられる」

【驚き＋恐怖＋幸福の混合表情　図解】

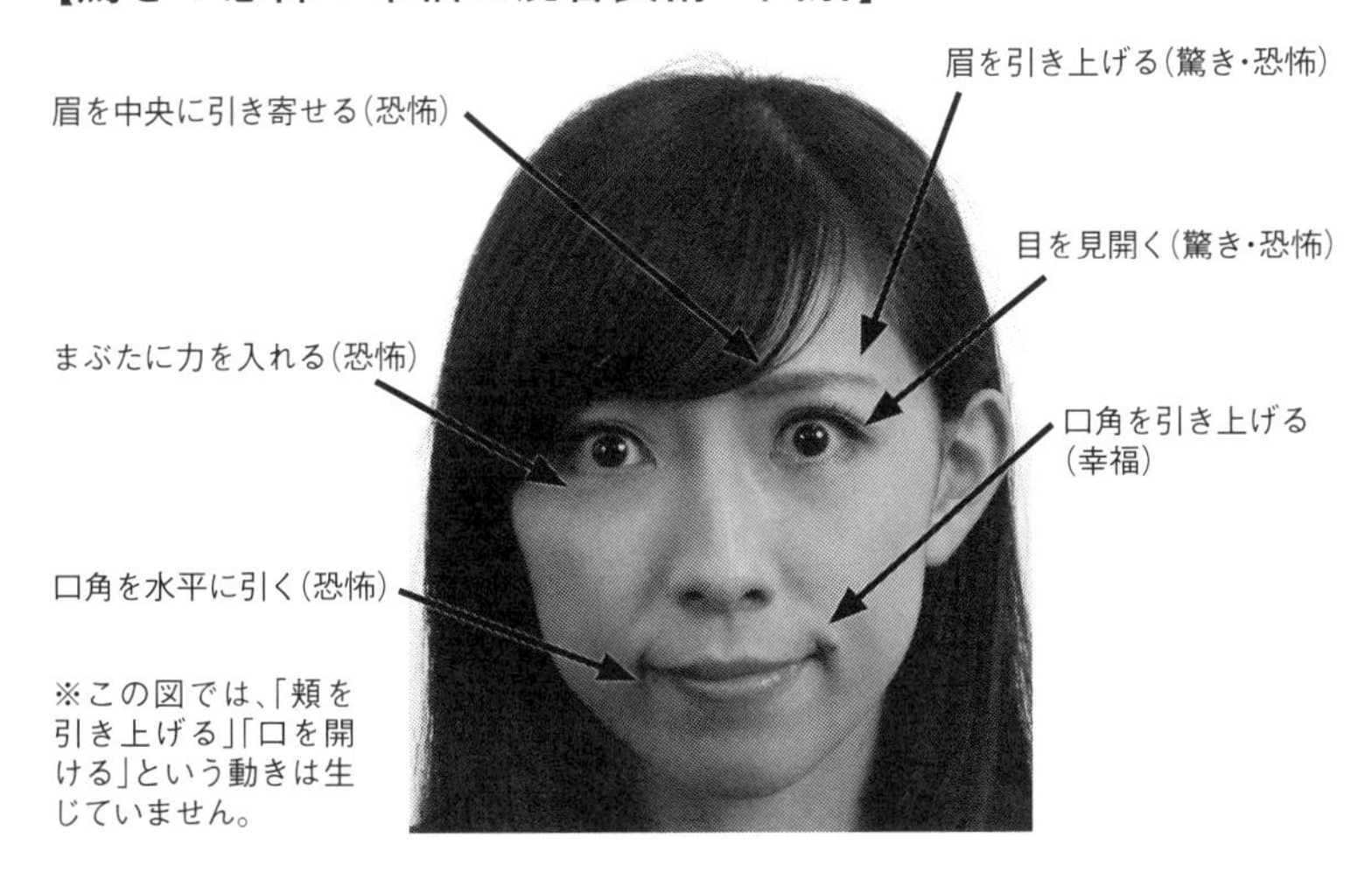

＋「頬が引き上げられる」＋「口角が引き上げられる」＋「口角が水平に引かれる」＋「口が開けられる」、という表情になります。

先の二つの例と異なるのは、表情の動きが兼用されているため、ある感情が表情には明確に見えない、見えづらいということが起きます。たとえば、驚きと恐怖の表情の動きには共通するものがあるため（眉が引き上げられる動きや目が見開かれる動き）、恐怖の表情筋の動きが驚きの表情筋の動きを覆い隠してしまうことがあるのです。明確に三つの表情を表現したい場合、鼻から上は恐怖の表情、口は驚きと幸福というように顔の上下に分けて表情筋を動かすことで表現することができます。

■微表情・微細表情

次に感情が抑制されるときの表情と弱い感情しか抱かれていないときの表情について紹介します。私たちはいつでも自由に自分の感情を表情に表せるわけではないため、本当の感情が表情に表れないように抑制することがあります。しかし、抑制しても抑制しきれない感情の痕跡が、表情に漏れ出すことがあるのです。こうした表情のことを微表情と呼びます。また、私たちが抱く感情には強弱があり、常に満面の表情をするわけではありません。弱い感情しか抱かない場合があるでしょう。こうしたときの表情のことを微細表情と呼びます。

微表情の表れ方には二つのパターンがあります。一つは、各表情の典型的な動きが一斉に、かつ、0・2秒の間に表れるというものです。たとえば、悲しみが微表情で表れる場合、「眉の内側が引き上げられる」+「口角が引き下げられる」+「下唇が引き上げられる」動きが顔に0・2秒以内に表れては消え去ります。

もう一つのパターンは、感情が抑制されるときに動く特徴的な表情筋の動きのみが生じます。抑制される感情の種類にかかわらず、感情が顔に出ないように表情が抑制されるとき、「唇が上下からプレスされる」「唇が巻き込まれ

【感情抑制　バリエーション】

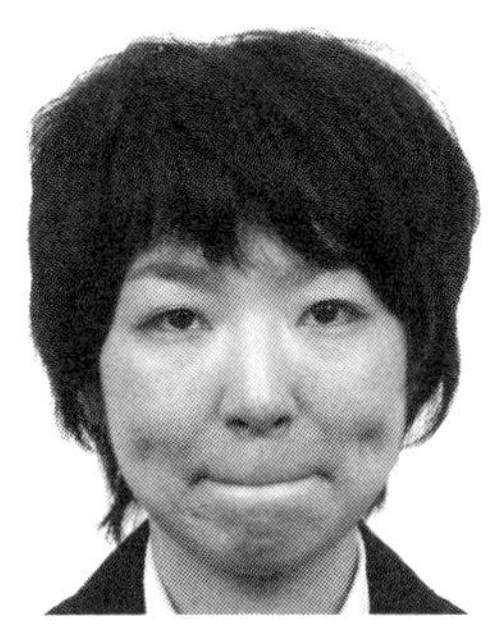

唇を巻き込む
+
エクボを作る

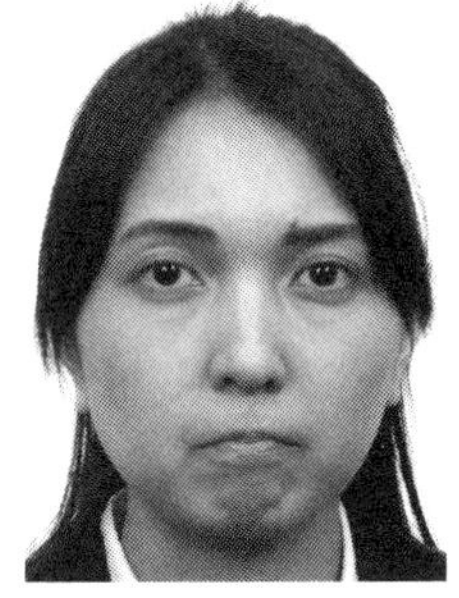

唇を上下からプレスする
+
下唇を引き上げる

口角を引き下げる
+
下唇を引き上げる

る」「エクボが作られる」「口角が引き下げられる」「下唇が引き上げられる」「口がすぼむ」という単独の動き、あるいはコンビネーションが生じることが知られています。

感情を抑制していることを表現したければ、こうした表情の動きを練習すればよいのですが、どんな感情を抑制しているのかを微妙に表現したい場合、これらの動きに加え、表現したい感情に特徴的な表情の動きを部分的に表出すればよいのです。たとえば、悲しみを抑制していることを表現したければ、「眉の内側を引き上げる」＋「唇を上下からプレスする」動きをすればよいでしょう。

次に微細表情についてです。弱い感情しか抱

【悲しみの微細表情　図解】

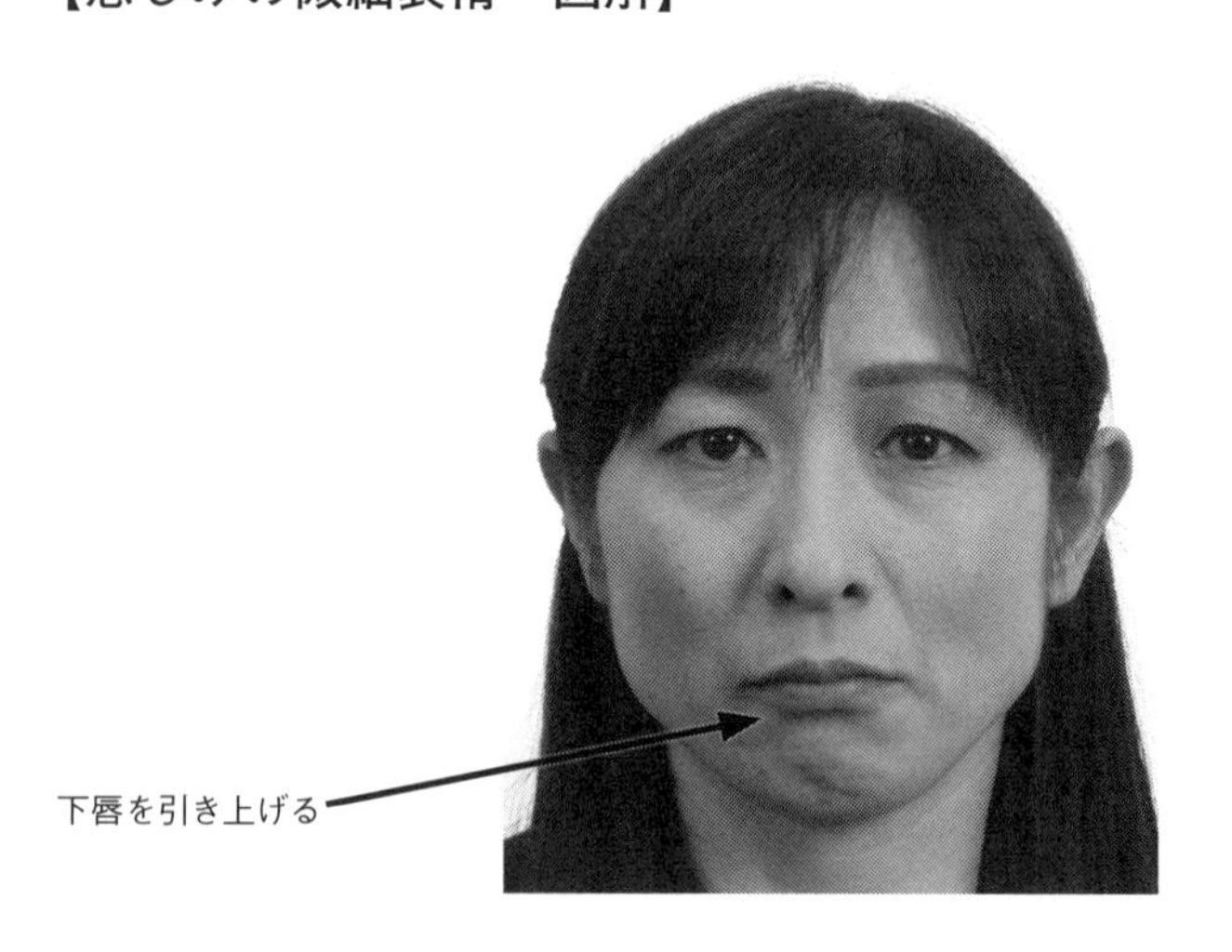

いていない場合や、感情を抱き始めたものの、その感情が表情に出ないようにすぐに引っ込める場合、微細表情が生じます。微細表情は、部分的な表情として生じます。たとえば、本当に悲しくても悲しみが弱ければ、眉の内側が引き上げられず、下唇だけが引き上げられる動きだけが生じるのです。

心の中のコントラストを表現するには、単一感情の表現をマスターし、それぞれの表情筋の動きを組み合わせたり、抑制する表情筋を動かしたり、強弱をつけたり、一部だけ動かしてみたり、タイミングをずらしたりと色々と工夫をしてみてください。表現における、その微差が見る者の目に大差となって残るでしょう。

まとめ

- 「作られた表情」を本物に似せるのは、かなり困難であり、全く感情もなく適切な表情を作るには相当な訓練を要する。
- 表情には、複数の感情が同時に表れて出る「混合表情」、抑制している感情が瞬間的に漏れて出る「微表情」、弱い感情から出てくる「微細表情」といったものもある。

コラム
③

相手の感情の流れを読むためのワーク

3章の①で自己表現のための三原則を紹介しました。その中の原則3「相手の感情の流れを読む」のスキルを高めるためのワークを紹介したいと思います。ここで紹介する方法は、私が実施するセミナーや企業研修で行っているペアワークです。ワークの手軽さにもかかわらず、「読み取り」と「伝える」両方のスキルの使い方が体感でき、スキル向上に効果的な方法です。

①二人一組になってください。

②聞き手と話し手の役割を決めてください。自己紹介をしてもらいます。自己紹介の内容として、名前・出身地・趣味を一文で述べてください。次のような要領です。

聞き手：お名前は何ですか？
話し手：私の名前は清水建二です。

聞き手：出身地はどこですか？
話し手：墨田区の錦糸町です。
聞き手：趣味は何ですか？
話し手：ＴＯＥＩＣの勉強をすることです。
聞き手と話し手の役割を交代し、自己紹介をしてください。

③同じ自己紹介をもう一度してもらいます。今度は、話し手が名前・出身地・趣味のいずれかの話をしているとき、聞き手は眉を中央に引き寄せ、話し手に熟考シグナルを伝えます。それを受け取った話し手は、その内容を詳しく説明します。次のような要領です。

聞き手：お名前は何ですか？
話し手：私の名前は清水建二です。
⬇「清水建二」と聞こえたとき、聞き手は眉を中央に引き寄せます。話し手はこの熟考シグナルを読み取り、聞き手がもっと説明を欲していると察し、詳しい説明をします。たとえば、話し手：清い、水と書いて清水です。建設の建と漢数字の二で建二です。
聞き手：出身地はどこですか？
話し手：墨田区の錦糸町です。
⬇「墨田区の錦糸町」と聞こえたとき、聞き手は眉を中央に引き寄せます。話し手はこの熟考シグナルを読み取り、聞き手がもっと説明を欲していると察し、詳しい説明をします。たとえば、
話し手：錦糸町は東京にある街です。相撲で有名な国技館がある両国の隣に錦糸町はあります。
聞き手：趣味は何ですか？
話し手：TOEICの勉強をすることです。
⬇「TOEIC」と聞こえたとき、聞き手は眉を中央に引き寄せます。話し手はこの熟考シグナルを読み取り、聞き手がもっと説明を欲していると察し、詳しい説明をします。たとえば、
話し手：TOEICとは英語の試験の一種です。英語が好きなのです。
聞き手と話し手の役割を交代し、「詳しい」自己紹介をしてください。

④この一連の読んで伝えるプロセスを、自己紹介の内容や眉を中央に引き寄せるタイミングを変えて繰り返します。

聞き手は話し手に「あなたの話を理解できていません」ということを顔の動きで伝え、話し手は聞き手のその熟考シグナルを読み取ります。練習するうちに話し手の方に余裕が出てきたら、詳しい説明をするときに言葉とともに表情も加えて、生き生きと説明できたら合格です。さらに、その詳しい説明を聞きながら「その説明でもまだわからない！」と聞き手は話し手に熟考のシグナルをもう一度送ったり、「その話、もっと聞きたい！」と興味・関心シグナルを話し手に送ってもよいでしょう。このワークによって、相手の感情の流れに添った伝えるスキルのコツがつかめます。

コラム ④

自分を見つめる──医師と自殺未遂者とのコミュニケーションより

自分の表情の変化に意識を向けることによって、自分が様々な事柄に対しどんな感情反応や意図を抱いているかに敏感になり、自分の内なる声が聞こえるようになります。これは自分理解に当然役に立つわけですが、人を救うことにもつながり得るのです。

自殺未遂をし病院でケアを受けている患者に対し、医師が20分にわたり診断を行います。その様子はカメラに記録されています。診断後、医師は患者が再び自殺を図るリスクを見積もります。

診断の1年後、一部の患者たちは自殺を再度企て、その他の患者たちは自殺を企てませんでした。1年前の診断の録画記録と医師の診断（リスクの見積もり）が精査されると、自殺を再度企てた患者を診断しているときの方が、自殺を企てなかった患者を診断しているときに比べ、医師の表情は大きく変化していたことがわかりました。

具体的には、眉が中央に引き寄せられる熟考の顔の動きや、患者に視線が長く向けられる、そんな医師の挙動が確認されました。つまり、将来に自殺行為をする患者に対して、熟考・注意する顔の動きが観察されたのです。

驚くべきことに医師の表情変化の分析から、医師が自殺を再度企てた患者と自殺を企てなかった患者のどちらを診断しているかを80%~90%の精度で区別できることがわかりました。一方、医師の診断の精度は23%程度でした。

もし、医師が自身の表情変化により自覚的になれば、診断の精度を高めることができるかもしれません。この例によらず、元々感情は生存を持続させるために存在している判断・行動システムです。したがって、どちらを選ぶと生きるか／死ぬか、そんな選択に関わるとき、正しい選択の答えは、自分の感情が表情や動作を通じて教えてくれるかもしれないのです。

もっと自分の表情の動きに関心を！

chapter4

これからの感情世界を生きるあなたへ

最終章の本章では、本書を読み進め、本書の内容を実践している（これから実践していく）みなさんが、さらに深遠な感情世界をワクワクしながら歩み続けていけるようなトピックを紹介したいと思います。

①感情を味わい、見て、伝える

1872年にチャールズ・ダーウィンが『人及び動物の表情について』を記して以来、100年以上にわたって感情は様々な研究者によって研究されてきました。これまでの研究をまとめるならば、幸福・軽蔑・嫌悪・怒り・悲しみ・驚き・恐怖の7の万国共通の表情と羞恥・恥・罪悪感・誇り・畏れ・楽しみ・愉しみ・興奮・快楽・安堵・満足の11の準万国共通の表情があるということがわかっています。さらに思考やその他のシグナルを示す興味・関心・熟考・退屈・欲望・苦痛などの万国共通な感覚も明らかにされています。こうした研究のおかげで、私たちは本書で解説してきた感情・思考の働きと特徴を意識的に捉えることができ、意識的に伝えられるようになるのです。

しかし言うまでもなく、本書で取り上げた感情・思考以上に深い感情世界があることを私たちは体験的に知っています。たとえば、今、たまたま手元にある『感情類語辞典』（フィルムアート社）の感情の見出しを見ると、75の感情が並んでいます。そしてその一つひとつの感情に60〜90個前後の「類語」が掲載されています。それだけ私たちは自分の心の中にある感情や想いを表す概念を持っているということでしょう。いや、この数をもってしても自分の想いのたけを表現しきるには決して十分ではないかもしれません。

つまり自分の心の中が語りかけてくる感覚は、科学的・辞書的に定義された言葉よりも豊富なのです。したがって、自分の身体感覚に訴えかける「何ものか」があるたびに、それを味わい、さらに自身の感覚を鋭くしていただきたいのです。次第に微妙な感覚の違いを意識的に感じ取れるようになるでしょう。

また目の前の相手の表情や体の動き、声の調子をさらによく見ることも大切です。相手のノンバーバル・シグナルは、伝達シグナルとして私たちに情報を伝えてくれます。対面にいる人が悲しみ表情をしていたら助けの手を差し伸べてあげられますし、恐怖表情をしていたら「何が起きたの？」とゆっくり後ろを振り返ることなく、すぐさま防御体勢を取る、一目散に逃げる、という行動が取れます。無論、感情の種類同様、伝達シグナルの種類も科学的・辞書的に定義されている以上にあります。他者が発するシグナルを正しく読めれば読めるほど、自分にとって適切な行動が見えてきます。自分の行動の道筋が見えてくるのです。

そして自分の感情と思考を味わい、他者のシグナルを見て、伝え方を工夫し続けましょう。本書で解説しきることのできない微妙な塩梅の伝え方があります。「どんな状況・場面・間柄・言葉のときに、どんなノンバーバル・シグナルを使えば、自分の想いと相手の想いとを上手く伝え合うことができるだろうか？」と迷いが生じるたびに自分の心に問いかけ、試行錯誤しながら行動し続けてください。次第にコミュニケーションの「息が合う」「息が合わさる」という感覚が鋭敏になるでしょう。

②「伝え方のセオリー」は絶対じゃない⁉

本節では、本書で解説してきた伝え方の基本セオリーが当てはまらない研究事例を一つ紹介します。

相手に自分の想いや感情を適切に伝える、あるいは誤解を与えないためには、言葉とノンバーバル・シグナルを一致させるということでした。また相手に信頼感や安心感を与えたければ、笑顔を見せるのが基本セオリーです。そうすると、ポジティブな言葉と笑顔を見せれば信頼感が高まる、と予想するのが普通です。しかし、そうはならないことがあるのです。

京都大学の研究チームが実施した実験から、私たちの言葉とノンバーバル情報の捉え方を考えてみます。互いを知らない実験参加者二人がペアになり、その二人で協力してお金を獲得するゲームをやってもらいます。しかしこのゲームは、協力し合えた方が得をするものの、ペアの相手（パートナーと呼びます）をダマして自分だけ利益を得ることもできるようにデザインされています。そのため、相手を信頼できるかが重要となります。

ゲームを始める前に、実験参加者はパートナーのプロフィールを見ます。パートナーはランダムで決まるため、実験参加者が選ぶことはできません。プロフィールには、自己の信頼度に関する自己評価に加え、その人物の顔写真がつけられています。信頼度の自己評価は高い程度から普通程度まであり、顔写真は笑顔か中立顔（いわゆる無表情、真顔）です。

自己申告による信頼度と顔写真が付与されたプロフィール情報をもとに、実験参加者はパートナーがどの程度信頼できるかを判断し、協力してお金をやり取りするゲームをします。ゲームの始めに実験参加者は自身の手元にあるお金をパートナーに託します。その額が大きいほど、ゲーム後に獲得できる額も増えますが、託したすべてのお金がパートナーに奪われてしまう可能性もあります。つまり、相手にいくら投資するかが信頼度を測る指標となります。

それでは、どのようなプロフィールの持ち主が最も信頼されたのでしょうか。実験結果は次の通りです。

①「信頼度が高い」という自己評価がされたものの方が、「信頼度が普通である」という自己評価がされたものよりも信頼される。

②「笑顔写真」の女性の方が、「中立顔写真」の女性よりも信頼される。しかし「笑顔写真」の男性は「中立顔写真」の男性より信頼されるということはない。

③「信頼度が高い」という自己評価に「笑顔写真」がつけられた強いポジティブ・プロフィール情報の持ち主は信頼されない。

結果をまとめますと、言葉による自己評価は文字通り信頼される、女性の笑顔も信頼される、しかし男性の笑顔と中立顔は相手に信頼されるかどうかに影響を及ぼさない、また、自己評価の高い言葉と笑顔の組み合わせで示された強すぎる「自分は信頼できますよ」シグナルは逆効果、ということです。通常、笑顔は信頼度を高めます。しかし、本実験で男性にはそれが当てはまらないという結果が出ました。またポジティブな言葉とポジティブな表情とが一致しているのに信頼されないという結果も見出されました。

これはなぜでしょうか。もしかすると、日本人特有の解釈、たとえば日本では「真剣な交渉の場」に女性の笑顔は適切だけど男性の笑顔は不適切、といったような感覚が潜在的にあるのかもしれません。また、いかに言葉とノンバーバルとが一致していようとも強すぎる「自分は信頼できますよ」シグナルは謙虚ではないと捉えられるのかもしれません。あるいは笑顔の強度が問題で、交渉のある瞬間に相手に信頼される丁度よい笑顔というものがあるのかもしれません。

コミュニケーションが行われる場に人数・性別・民族・文化・感情・言葉などの多様性が加われば加わるほど、伝え・伝えられる複雑性は増します。伝える基本セオリーを守りつつも、ときにそれを変容させるべき瞬間や状況を見誤ることなく、相手の機微を観察し、臨機応変に対処できるようになりましょう。

③一瞬から永遠へ――顔が伝える印象・性格・将来の幸福度

本書では瞬間瞬間にノンバーバル・シグナルを変化させ、「今・ここ」の自分の想いや感情を効果的に伝えるスキルを解説してきました。しかしこの瞬間は永遠にも影響を及ぼすのです。

これは、言ってしまえば当たり前のことです。たとえば、普段からよく笑っていれば、目じりに笑いジワが刻まれ、口角も上がりがちな顔になるでしょう。普段から身振り・手振りを使ってコミュニケーションをしていれば、とっさのプレゼンでも自然に身振り・手振りが上手にできるでしょう。普段から胸を張って歩いていれば、良い姿勢になるでしょう。

相貌研究（顔の姿・形とパーソナリティーとの関連などを研究する学問）から興味深い事例を紹介します。瞬間の表情が、永遠の相貌にいかに影響を与え得るかを示します（正確には、永遠というより数ヶ月～数十年のスパンでゆっくりと変化する現象です）。

日本生まれ日本育ちの日本人の人々の顔写真とアメリカ育ちの日系人の人々の顔写真が何枚も用意されます。写真の中の表情は中立を含め様々な表情のものがあります。どの表情写真を見ても一見して、どちらが日本人かどちらが日系人かわかりません。これらの顔写真を実験参加者に見てもらい、どちらが日本育ちでどちらがアメリカ育ちかを判断してもらう実験がなされました。実験の結果、実験参加者たちはチャンスレベル（偶然正解する確率）をやや超える確率で日本人と日系人とを区別することができました。また中立顔に比べ表情写真の方が正しく両者を区別することができました。なぜこうした区別ができたのでしょうか。

言葉と同じように表情にも方言があるという考えがあります。これを表情の方言理論と言います。万国共通の表情を基盤としつつもその表情の動かし方、つまり表情筋を動かす強弱の程度や表情の混ざり方は文化や民族によって異なります。どの表情筋をいつ・どの程度強く動かすかは、顔のしわの出来方や表情筋の付き方に影響を与えます。このような日々の表情「作り」の積み重ねが、日本人には日本人特有の得も言われぬ日本人顔・表情を作り上げ、日系人にはアメリカ人特有の得も言われぬ日系人顔・表情を作り上げているのではないかと考えられるのです。

この「得も言われぬ」という曖昧な表現を使うのは、現時点において日本人特有・日系人特有の顔・表情を明確に説明することができないからです。「なんとなく」日本人、「なんとなく」日系人のように見える、という感じでしか判断できず、表情の積み重ねが「なんとなく」

の特定民族の相貌という印象を私たちに与えるのです。

日々の表情「作り」が永遠の顔を作る例は、夫婦間でも生じることがわかっています。12組の夫婦の顔写真があります。しかしその写真は夫婦一緒ではなく、別々に写っています。またその写真は結婚後1年目の写真と結婚後25年目の写真の2種類です。実験参加者にそれらの写真を使って夫婦の組み合わせを作ってもらいます。実験の結果、実験参加者らは、結婚1年目の顔写真では、夫婦の組み合わせを上手く作ることはできませんでした。しかし結婚25年目の顔写真では、夫婦の組み合わせを上手く作ることができたのです。

この実験を行ったザイアンスらは、夫婦は長年連れ添うことで類似の食生活やライフスタイルを送り、類似の感情経験を共有してきたため、顔が似てきたのだろうと考察しています。同じ感情は同じ表情を生じさせます。その感情の程度や生じるタイミングが同じならば表情の動き方も似てきます。一瞬の表情の積み重ねが永遠の印象を形作る興味深い研究です。

この夫婦の類似顔研究を性格という角度から見てみると、これまた面白いことがわかります。顔の作りや表情というものは、個々人の性格が影響することがわかっているため、夫婦の顔から性格の類似性も推定できるのではないかという仮説が考え出されました。

85組の夫婦の男女それぞれの顔写真を用意します。夫婦の結婚歴は様々で2年目から51年目まで幅があります。実験参加者には、誰と誰が夫婦であるかは知らせずに、それら顔写真を様々な観点から評価してもらいます。評価ポイントは、魅力度、ジェンダー度、平均度、好奇心の高さ、神経質度、外向性、感じの良さ、自己統制力、です。

実験の結果、夫婦間の顔において魅力度、好奇心の強さ、外向性、自己統制力に関係があることがわかりました。他人の目から見て、ある男性の魅力度が3ならその男性の妻の魅力度も3、またある男性の好奇心の強さが5ならその男性の妻も5や6程度の強さ、と判定される傾向にあるのです。顔から醸し出される性格がその夫婦を知らない人々に推測される現象は不思議です。他人からは夫婦は顔だけでなく、性格も似て見えるようです。

さらに一瞬の表情（おそらく、表情の積み重ね）が将来の幸福度まで影響を及ぼし得ることがわかっています。ハーテンステインらの研究は、卒業アルバムに写っている顔写真の表情から将来の離婚を予測することができることを証明してくれます。卒業アルバムに写っている笑顔写真を表情分析の手法により分析すると、真実の幸福を示すデュシェンヌ・スマイルと愛想笑いを示すノンデュシェンヌ・スマイル（いわゆる、目が笑っていない「笑顔」）とに分類することができました。両者の表情の人々のその後の人生が追跡調査されたところ、ノンデュシェンヌ・スマイルで卒業アルバムに写っていた人々は、デュシェンヌ・スマイルの人々に比べ、離婚している傾向にあることがわかったのです。またケルトナーらの研究では、結婚状態だけでなく、卒業アルバムに写っている笑顔の強さから、卒業から30年間における人生の満喫度や幸福度までも予測できることが証明されています。こうした現象は、「私は楽しいです」というシグナルが笑顔を通じて周りに伝わり、それを受け取った周りの人々はポジティブな感情が誘発され、笑顔の人のもとへ近づき行動をともにするという、シグナル伝達・感情誘発・行動誘発が長い人生をかけて連続して生じた結果だと推測されます。

以上の例のように、日々一瞬一瞬の表情の積み重ねによって、永続的な感情世界を生み出すことができ得るのです。元々ポジティブな性格で、心からの笑顔が生じやすい気質の持ち主もいるでしょう。しかし、そうではない人は、自分のポジティブな気持ちを見つめ、何が自分をポジティブにさせるのか、その状態をどうすれば大きくできるのだろうかと考え、そこに少しだけ口角を引き上げる、目じりを下げてみるという表情作りを意識することで、自分と周りの空気を幸せ色に染められるのかもしれません。

④感情世界の未来図

本書ではこれまで「自分の想い・感情を正しく伝える」をテーマに自分と他人の感情への向き合い方について説明してきました。これからの世界はここにＡＩ（人工知能）も仲間入りします。というよりも実は、もうすでにしています。そうです、現代はあなたの想いや感情をＡＩに伝え、ＡＩとコミュニケーションする時代なのです。本章の締めくくりとして、本節及び次節で、私たちの感情―表情―ＡＩとの関係から感情世界の未来図を考えたいと思います。

現在（２０１７年時点）、いくつかのメーカーによって私たちの表情から感情を認識するＡＩが開発され、実用化の波が徐々に大きくなってきています。感情認識ＡＩの目が搭載されたロボットは、私たちの感情反応から自らの会話や動作パターンを変化させたり、自らの表情を変化させたりします。感情認識ＡＩの目が搭載されたカメラは、店舗内の私たちの感情変化からどんな商品が売れるかを推定したり、どんな接客が効果的かを推定します。感情認識ＡＩの目が搭載されたデジタル広告は、私たちの感情変化に応じて広告を変化させ、商品サンプルをくれたりもします。

様々な研究にも感情認識ＡＩは使われています。ＣＭや映画を観ているときに、どのような場面でどんな感情が喚起されるのかを記録し、効果的なＣＭや映画作りに活用されたり、大統領候補者の演説を聞いている表情からどちらの候補者が優勢かを推定したり、これまで特定できていなかった表情と感情とのつながりを発見する研究などに利用されています。

特に表情と感情とのつながりを探究する研究は、表情研究者が意識的には気づいていない表情と感情との関連を教えてくれます。感情認識ＡＩを用いた大規模調査によって、これまでわかっている万国共通の表情および準万国共通の表情のリストに納得・未知・感傷的・ひらめきの４つの表情が追加されようとしています。

このように現在は、すでにＡＩに私たちの想いや感情を伝え、ＡＩが読み解き、ＡＩと対話する、あるいはＡＩを媒介にして、その背後にある感情世界が見える化される時代なのです。好むと好まざるとにかかわらず、ますます加速化するこの流れに私たちはどのような心構えをすればよいのでしょうか？

基本セオリーは本書で説明してきた通りです。自分のあるがままの感情をベースにそれを顔に表せばよいのです（現在の感情認識ＡＩには私たちの表情だけでなく、目の動きや声、体の動きまでも読み解き、私たちとインタラクションをするものもあります）。たとえば、眉を引き上げることで部屋の照明を明るくさせたり（「もっとよく見たい」という意図を眉を引き上げることで部屋の照明システムと連動した感情認識ＡＩに伝え、ＡＩが部屋を明るくしてくれるような仕組み）、感情認識ＡＩの目が搭載されたＰＣや携帯デバイスの中のテキストを読んでいるときに、眉を中央に引き寄せること（＝熟考）で、そのテキストの意味がより詳細に説明されたり、追加情報が表示されるような商品が登場したりすることは、近い将来に十分あり得ます。私たちの感情表現と連動しながら、ＡＩがそれをアシストし、生活をより楽しく、便利にしてくれる可能性は無限に広がっているのです。しかし、ＡＩにわかるように感情表現しないとＡＩは意図した通りに機能してくれません。

人間同士の交流では、自分の想いや感情をストレートに表す相手やタイミングを間違えると互いが衝突してしまい、思い通りの行動や結果にならないことがあります。しかしＡＩは私たちの感情を拒否せず、思い通りに動いてくれます。伝えることができさえすれば、ＡＩは学習した通りに動いてくれ、私たちの意図通りの求める結果を引き起こしてくれるのです。そう考えると、近い将来、ＡＩとの交流においてこそ自分の想いや感情を明確に伝えるスキルは必須になってくるのかもしれません。

⑤ＡＩが人と人を仲介する時代が来る――感情調整役としてのＡＩ

「ＡＩとの交流においてこそ自分の想いや感情を明確に伝えるスキルは必須になってくるのかもしれません」と書きましたが、これは、将来、人間との交流において伝えるスキルの重要度が低下するという意味ではなく、人間との交流においてよりもＡＩとの交流のときの方が伝えるスキルが重要になる場合があり得るという意味です。たとえば、私たちは何らかの紛争状態を抱えるとそれを解決するために仲介役を求めます。その仲介役はどちらの敵でも味方でもなく中立的な立場です。仲介役が双方の言い分を客観的な視点で聞き、双方がある程度納得するような落としどころを提示します。仲介役がいなければ双方が自らの感情を直にぶつけ合いさらに衝突がエスカレートしてしまったり、逆に相手に遠慮してしまいホンネを伝えられない場合が起こります。そうなってしまえば、紛争は解決されませんし、解決されたとしてもどちらかにわだかまりが残ってしまうでしょう。

紛争というきな臭い話題でなくても仲介役の存在は一般的なビジネスコミュニケーションの場で重宝されます。たとえば、会議の進行役は、会議参加者の感情の流れ、それはつまるところ、誰が同意／不同意か、誰が反発／納得しているかなどを読みながら、会議出席者の発言量を調整し、進行中の話題を深掘りすべきか、次の話題に移るべきかを判断します。

新人営業員の営業に付き添うベテラン営業員も仲介役です。新人営業員とお客さんとのやり取りを注意深く見ながら、新人が気づいていないお客さんの「欲しい」「欲しくない」シグナルに対して、商品説明ポイントの優先度を変化させたり、強調すべき説明ポイントを加えたりしながら、新人の営業をサポートします。

優れた進役役や営業担当の、言わば「場の空気を読み・伝える」スキルは通常、暗黙知化されており、本人たちでさえその知を上手く説明することができません。しかし、感情理論と膨大な量の暗黙知を感情認識ＡＩに学習させることで、そうしたベテランのスキルを持った仲介役感情認識ＡＩが開発される可能性が十分に考えられます。

そうした感情認識ＡＩが搭載されたロボットを会議室に置き、会議を始めるシーンを想像してみましょう。部長の説明が理解困難で一部の部下たちは眉間にしわを寄せ熟考顔です。部長に丁寧な説明を求めたいものの、説明に熱が入りすぎて口を挟みづらい状況です。それを読み取ったロボットが「少し説明が複雑になってきたようですよ。図解を用いて説明してはいかがでしょうか？」と部長に提案します。一瞬生まれたその間によって、部長は冷静に説明する機会を、聞き手は質問する機会を得ることができるでしょう。言葉を挟めない状況であってもロボットに向かって自らの眉を中央に寄せる表情を見せれば、ロボットはそれを了解し、コミュニケーションの流れを調整してくれるでしょう。

またこんなシーンも考えられます。何となく「声の大きい」人たちの空気の中、多数決で決まってしまいそうな案があります。他の人の本当の賛成・不賛成の気持ちはわからないものの、自分の腹落ち感は十分ではありません。しかし、このままいけば少なくとも表向きは賛成多数で可決となりそう。何か発言して多数決を止めたいものの魅力的な代替案や適切な反論があるわけではない。言葉にはならないけど、何となくの懸念がある。そんな状況です。そんなときに「納得いかない！」という意思表情をＡＩに向ければ、ＡＩがそれを認識し、「もう少し、多数決は待ちませんか。これまでの論点の中に重大な見落としがある可能性があります」などと提案すれば、性急な多数決による決定を防ぐことができるでしょう。

新人営業員用のＡＩの可能性も考えてみましょう。メガネに営業員とお客さんの感情を認識するＡＩを搭載します。営業員の説明に合わせ、ＡＩがサポートします。たとえばお客さんの嫌悪表情を認識し、「お客さんは機能に関する説明を好んでいないようです。その説明を補う良い機能やお得情報を伝えましょう」と提案したり、強調すべき説明ポイントで営業員の表情が動いていなかったら、「これはキーワードです。このキーワードを発するときの眉の引き上げが弱いです。もっと強く眉を引き上げましょう」と提案してくれれば、適切な表情ができているか否かを自身でモニタリングしながら適切な説明ができるようになるでしょう。

感情認識ＡＩとノンバーバル・シグナルで伝え・伝えられる時代、感情認識ＡＩを介して人と人とがノンバーバル・シグナルで伝え・伝えられる時代は、もうすぐそこまで来ているのです。

コラム⑤

ペテン師たちの顔芸

本書を通じて、私は一貫して「本当の感情を基盤に」ということを述べてきました。これは感情を偽ったり、感情に無理をしてまで表現することに否定的だということです。その理由は、本書の随所でふれておりますが、要は、感情を偽ったり、感情が全くないのに表情だけを繕っても、相手に違和感しか残さないからです。この極致がペテン師たちです。ペテン師たちは、自分の感情とは相反する表情を繕い、自分の意のままに人の心を操ろうとします。本コラムではこれまで私が出会ったペテン師たちの顔芸を紹介したいと思います。

私の経験上、ペテン師たちは、長すぎる笑顔、場に合わない笑顔を多用する傾向にあります。長すぎる笑顔とは、具体的に言えば、一回の刺激に対して5秒以上続く笑顔のことです。普通、自然に生じる笑顔は、0・5秒～4秒ほど続く現象です。しかし、意図的に相手に好印象や信頼感を与えようとして、ペテン師たちは、笑顔を長い時間、顔に表しているのです。あるダイエット広告に「一回2000円のマッサージで痩せられる！」とあり、その調査をしたことがあります。蓋を開けてみれば、マッサージはおまけに過ぎず、広告には一切書かれていない30万円を超える高額のサプリメントを購入させることが目的の商法でした。ダイエットにそのサプリがいかに必須かを説いていた人物は、その説明中、一貫して笑顔を崩さず、長すぎる笑顔を見せ続けていました。私はその表情を観察していて、違和感を通り越して、不気味さを抱いたことを覚えています。

次に、場に合わない笑顔についてです。端的に言えば、大したことではないことに対して過剰に笑顔で褒める、という現象です。この手法も詐欺師やペテン師たちに典型的で、相手を気分良くさせ、批判的な思考力を奪う手段として使われます。あまり知らない人がお金の絡むことで、満面の笑みであなたを褒めてきたら「自分の言動は本当にそんなに凄いことかな？」と冷静になって考えてみてください。自分に厳しく、人からの高評価を客観的に見つめる姿勢は、あなたの仕事の質をさらに高め、ペテン師の「ヨイショ」をかわすことができるようになります。

ペテン師含め、人の心を操ろうとする人の表情に、先の二つの表情と異なり、彼らが意図せず漏洩させている特徴的な表情があります。それは幸福の微表情です。微表情は、早いものですと0・05秒～0・2秒しか顔に表れないものもあります。ペテン師は、ときに相手を騙していることが楽しくなってしまい、その想いが顔から漏れ出ていることがあります。専門的にはこの感情を「騙す喜び」と言います。イメージとしては、小さなお子さんがイタズラをして、「○○ちゃんがやったの？」と疑われているとき、「ぼく、やってないよ」と言いながらも、微妙に笑ってしまうような状況を思い浮かべるとわかりやすいでしょう。これを大人もやってしまうのです。目の前の人が、状況や言葉と一致しない一瞬の笑顔を見せたら要注意です。あなたを騙そうとしているかもしれません。

コラム⑥

顔文字が本気度を伝える!?

ラインやメールでメッセージをやり取りするとき、顔文字や絵文字を併用することでテキストメッセージだけでは伝わりにくい気持ちを表すことができます。しかし、その気持ちの本気度を表現するには、まだまだ対面コミュニケーションに劣ります。

「顔文字の本気度を数値化する」

そんなことができたら、ラインやeメールが対面コミュニケーションに一歩や二歩も三歩も近づくのではないかと思います。たとえば、謝罪場面などで有効活用できるでしょう。謝罪の気持ちを会って伝えたい、しかし、相手は怒り心頭で会ってくれない。そんなとき謝罪の本気度をメールで伝えることができれば、相手に直接伝えられない想いを伝えることができるかもしれません。

メールで友人に謝罪する際に顔文字が、どのような効果をもたらすかが女子短大生を対象として調査されました。この調査によれば「メールの送り手が謝罪メールを謝罪顔の顔文字とともに『仲の良い』友人に送ると、友人から反省していると思われるものの、『仲の悪くなった』友人に送ると、謝罪顔の顔文字を使っても使わなくても、その友人に反省していると思われる程度に違いはない」ということがわかっています。つまり、真剣な謝罪が必要なくらい仲が悪くなってしまったら、謝罪顔の絵文字に効果なし、ということなのです。

仲が冷え切ってしまうほど険悪な関係になってしまった場合、許してもらうには本心からの謝罪が必要であることは言うまでもありません。直接会って謝罪すれば反省の意が伝わるかもしれません。しかし、様々な事情で会えない・会ってくれないこともあると思います。

そんなとき、どうしたら心からの謝罪の気持ちを伝えることができるでしょうか。共通の知人に仲介役をやってもらう、それも一つの手でしょう。しかし、これからはＡＩがその役目を果たしてくれるかもしれません。たとえば、謝罪文を打っている最中の表情を携帯に搭載された感情認識ＡＩカメラが分析し、謝罪度が数値化され、それが顔文字化され謝罪メールの文面に添えられる、そんなことができれば、謝罪の本気度を伝えることができるのではないかと思われます。

おわりに

テレビを観ていると、電車が遅延して困っている方がインタビューを受けていました。興味深いのがその方が笑顔でインタビューに答えていたことです。言葉では「電車が遅れて困っているんですよ」と言いながら、表情は笑顔なのです。この笑顔の理由、わかるでしょうか。

言葉と表情とが一致していないので、本書で紹介した基本セオリーと反します。しかし、私たち日本人ならこの笑顔に違和感は抱かないはずです。自分も同じ立場ならきっと笑顔を見せるでしょう。そう、私たち日本人は、ネガティブな状況において周りの空気を悪くしないように気を遣い、笑顔になるのです。

一方で、たとえネガティブな状況でも笑顔ではマズい場合があります。介護施設で利用者の方が大ケガをする事故がありました。施設長がインタビューに笑顔で「こうした事態になってしまい残念です」と答えていました。この笑顔はダメでしょう。同じネガティブな状況なのに、なぜ先ほどの場合は「良い笑顔」になり、この場合では「悪い笑顔」なのでしょうか。

それは責任の所在によります。自分ではどうすることもできないネガティブな状況に巻き込まれてしまった場合、周りはその状況を推察し、その窮地の人物に対し「かわいそうに」とか「大丈夫かな？」と思います。一方、窮地の人物は、周りにこれ以上気を遣わせないように「こんな状況でも乗り切れますよ」「私は大丈夫ですよ」と周りが推察したネガティブな感情に注釈を加えるのです。この状況は電車の遅延の例に当てはまります。しかし施設内での事故は、施設長の責任です。事故が起きないような予防策を張る責任があるのは当然として、事故が起きてしまえば、責任を負うべきは最終的にはそのトップになります。責任を負うべき所在が明らかな場合、誰もその人物に対して「大丈夫かな？」などとは思いません。自分の非を反省表情（たとえば、恥や罪悪感）で伝えるか、あるいは利用者の方の心を推し量り悲しみ表情で伝えるべきなのです。

この例のように日常生活を営んでいれば直感的に理解できることも、しっかり理解しようとすると伝え方の基本セオリーに反することが生じたり、自分で正しく行おうとすると頭でわかっていても実行に移すことは難しい場合があるのです。ここまで来ると本書の領域を超えてきます。したがって、本書の伝える技術の基本セオリーを原則としつつも、自他の感情の変化の流れに合うように変幻自在に基本セオリーから変えていくことが、本書をここまで読み終えた読者の方には必要となってくるでしょう。本書のセオリーは、武道の「守破離」でたとえるところの「守」です。守を体得したならば、破離の感情世界にぜひ、歩を進めてください。そこにはインターネットで検索しても決してわからない感情世界が広がっています。

謝辞

数ある「伝える」書籍の中で本書を手に取っていただき、誠にありがとうございます。本書をお読みになられたすべての読者の方に感謝の意を申し上げます。ありがとうございます。

本書は本当に多くの方の知識と経験の結晶として生まれました。多くの研究者たちの知見に感謝します。私にノンバーバル・シグナルの魅力を教えてくださった工藤力博士、表情研究とその応用可能性を精力的に進めるポール・エクマン博士にディビッド・マツモト博士、深遠な感情世界を様々な視点から見せてくれるダッチャー・ケルトナー博士、その他、参考文献に登場するすべての研究者に感謝します。

科学知見に命を吹き込む実務家に感謝します。私が経営する株式会社空気を読むを科学する研究所の研修やコース・セミナーで生きた実例を提供してくださる受講生の皆様に感謝します。感情に関わる問題解決を相談してくださる全てのクライアント様に感謝します。そして、私に様々な伝える実践経験を与えてくださる全ての関係者の皆様に感謝します。

私に科学と経験とのハイブリッドを日々、加速化させてくださる株式会社Indigo Blueの柴田励司会長、寺川尚人社長、社員の皆様に感謝します。表情モデルにご協力いただいた株式会社Biz Actors Company所属の役者の皆様に感謝します。

そして最後になりましたが、本書の制作に携わっていただいた株式会社イースト・プレスの関係者の皆様に感謝いたします。特に本書の企画及び編集をしていただき、私の文書及びコンテンツが読みやすく、かつ魅力的になるように様々なアイディアを与えてくださった編集の木下衛さんに感謝いたします。

２０１７年11月　感情接客が抜群なカフェにて

清水建二

参考文献

Chapter 1

■英語文献

Bush, L.K., Barr, C. L., McHugo, G.J., & Lanzetta, J.T. (1989). The effects of facial mimicry on subjective reactions to comedy routines. Motivation and Emotion, 13, 31–52.
Carney, D., Cuddy, A., & Yap, A. (2010). Power posing: Brief nonverbal displays affect neuroendocrine levels and risk tolerance. Psychological Science, 21(10), 1363-1368.
Darwin, C. (1872). The expression of emotion in man and animals. New York: Oxford University Press.
DePaulo, B.M., Lindsay, J. L., Malone, B.E., Muhlenbruck, L., Charlton, K., & Cooper, H. (2003). Cues to deception. Psychology Bulletin, 129, p74-118.
Dimberg, U. (1982). Facial reactions to facial expressions. Psychophysiology,
19, 643–647.
Dimberg U, Thunberg M. Empathy, emotional contagion, and rapid facial reactions to angry and happy facial expressions. PsyCh Journal. 2012;1(2):118–127.
E. Finzi, N.E. Rosenthal. Treatment of depression with onabotulinumtoxinA: A randomized, double-blind, placebo controlled trial. Journal of Psychiatric Research 52 (2014) 1e6
Efron, D. (1968). Gesture and Environment. King''s Crown, New York.
Ekman, P. (1972). Universal and cultural differences in facial expression of emotion. In J. R. Cole (Ed.), Nebraska Symposium on Motivation, 1971 (Vol. 19, pp. 207-283). Lincoln, NE: Nebraska University Press.
Ekman, P. (2003). Emotions revealed (2nd ed.). New York: Times Books.
Ekman, P. & Friesen, W. V. (1969). The repertoire or nonverbal behavior: categories, origins, usage, and coding. Semiotica, 1, pp. 49-98.
Ekman, P., & Friesen, W. V. (1971). Constants across culture in the face and emotion. Journal of Personality and Social Psychology, 17, 124-129.
Ekman, P. & Friesen, W. V. (1972). Hand Movements. Journal of Communication, 22 (4): pp. 353-374.
Ekman, P., & Friesen, W. V. (1974). Nonverbal behavior and psychopathology. In R. J. Friedman & M. Katz (Eds.), The psychology of depression: Contemporary theory and research (pp. 3-31). Washington, D. C.: Winston and Sons.
Ekman, P., Friesen, W. V., & Ellsworth, P. (1972). Emotion in the human face: guide-lines for research and an integration of findings. New York: Pergamon Press.
Ekman, P., & Oster, H. (1979). Facial expressions of emotion. Annual Review of Psychology, 30, 527-554.
Ekman, P., Sorenson, E. R., & Friesen, W. V. (1969). Pancultural elements in facial displays of emotion. Science, 164(3875), 86-88.
Gibson, E.J., & Walk, R.D. (1960). The "visual cliff." Scientific American, 202, 67–71.
Hatfield, E., Cacioppo, J. T., & Rapson, R. L. (1994). Emotional contagion. Cambridge, United Kingdom: Cambridge University Press.
Hecht, M., A. &Ambady, N. (1999). Nonverbal Communication and Psychology: Past and Future. The New Jersey Journal of Communication, 7(2), 1-15.
Hess, U., & Blairy, S. (2001). Facial mimicry and emotional contagion to dynamic emotional facial expressions and their influence on decoding accuracy. International Journal of Psychophysiology, 40, 129-141.
Izard, C. E. (1971). The face of emotion. East Norwalk, CT: Appleton-Century-Crofts.
Keltner D. (1995). The signs of appeasement: Evidence for the distinct displays of embarrassment, amusement, and shame. Journal of Personality and Social Psychology, 68, 441-454.
Keltner, D. (1996). Evidence for the Distinctness of Embarrassment, Shame, and Guilt: A Study of Recalled Antecedents and Facial Expressions of Emotion. Cognition and Emotion, 10(2), 155-172.
Keltner, D., & Haidt, J. (1999). Social functions of emotions at multiple levels of analysis. Cognition and Emotion, 13 (5), 505-522.
Lanzetta, J. T., Cartwright-Smith, J., & Kleck, R. E. (1976). Effects of nonverbal dissimulation on emotional experience and autonomic arousal. Journal of Personality and Social Psychology, 33, 354-370.
Matsumoto, D., Keltner, D., Shiota, M. N., Frank, M. G., & O'Sullivan, M. (2008). What's in a face? Facial expressions as signals of discrete emotions. In M. Lewis, J. M. Haviland & L. Feldman Barrett (Eds.), Handbook of emotions (pp. 211-234). New York: Guilford Press.
Matsumoto, D., & Willingham, B. (2009). Spontaneous facial expressions of emotion of congenitally and non-congenitally blind individuals. Journal of Personality and Social Psychology, 96(1), 1-10.
Matsumoto, D., Mark G., F., & Hyi S, H. (Eds). (2013). Nonverbal Communication : Science and Applications.
McCarthy A, Lee K, Itakura S, Muir DW (2006) Cultural display rules drive eye gaze during thinking. J Cross Cult Psychol 37: 717–722.
Mehrabian, A. (1971). Silent messages. Wadsworth, Belmont, California.

Mehrabian, A. (1981). Silent messages: Implicit communication of emotions and attitudes (2nd ed.). Wadsworth, Belmont, California.
Mehrabian, A. (1972). Nonverbal communication. Aldine-Atherton, Chicago, Illinois.
M. Lhommet and S. Marsella. (2014.). Expressing emotion through posture and gesture. R. Calvo, S. D'Mello, J. Gratch, A. Kappas (Eds.), Handbook of Affective Computing. Oxford University Press.
McIntosh, D. N. (1996). Facial feedback hypotheses: Evidence, implications, and directions. Motivation and Emotion, 20, 121–147.
Strack, F., Martin, L. L., & Stepper, S. (1988). Inhibiting and facilitating conditions of the human smile: A nonobtrusive test of the facial feedback hypothesis. Journal of Personality and Social Psychology, 54, 768-777.
Tamura, R., & Kameda, T. (2006). Are facial expressions contagious in the Japanese? The Japanese Journal of Psychology, 77, 377-382.
Trangney, J. P. (1995). Shame and guilt in interpersonal relationships. In J. P. Tangney, & K. W. Fisher (Eds.), Self-conscious emotions: The psychology of shame, guilt, embarrassment, and pride. New York: Guilford Press. Pp. 114-139.
Tangney, J. P., Miller, R., Flicker, L., & Barlow, D. H. (1996). Are shame, guilt, and embarrassment distinct emotions? Journal of Personality and Social Psychology, 70, 1256-1269.
Tracy, J. L., & Matsumoto, D. (2008). The spontaneous expression of pride and shame: Evidence for biologically innate nonverbal displays. Proceedings of the National Academy of Sciences, 105(33), 11655-11660.
Tracy, J. L., & Robins, R. W. (2004). Show your pride: Evidence for a discrete emotion expression. Psychological Science, 15, pp.194–197.
Tomkins, S. S. (1962). Affect, imagery, and consciousness (Vol. 1: The positive affects). New York: Springer.
Tomkins, S. S. (1963). Affect, imagery, and consciousness (Vol. 2: The negative affects). New York: Springer.
Tomkins, S. S., & McCarter, R. (1964). What and where are the primary affects? Some evidence for a theory. Perceptual and Motor Skills, 18(1), 119-158.
Wild, B., Erb, M., & Bartels, M. (2001). Are emotions contagious? Evoked emotions while viewing emotionally expressive faces: Quality, quantity, time course and gender differences. Psychiatry Research, 102, 109-124.
Wiseman, R., Watt, C., ten Brinke, L., Porter, S., Couper, S-L., & Rankin, C. (2012). The eyes don't have it: Lie detection and neuro-linguistic programming. PLoS ONE, 7, 1-5.
Zajonc, R. B., Murphy, S. T., & Inglehart, M. (1989). Feeling and facial efference: Implications of the vascular theory of emotion. Psychological Review, 96, 395-416.

Chapter 2

■日本語文献

工藤力(著)(1999)『しぐさと表情の心理分析』福村出版
木村あやの(著)(2013)『研究用日本人表情刺激の作成とその臨床的適用』風間書房
清水建二(2016)『微表情を見抜く技術』飛鳥新社
清水建二(2016)『「顔」と「しぐさ」で相手を見抜く』フォレスト出版
ポール・エクマン/ウォラス・フリーセン(著)工藤力(訳編)(1987)『表情分析入門』誠信書房

■英語文献

App, Betsy; McIntosh, Daniel N.; Reed, Catherine L.; Hertenstein, Matthew J. (2011) Nonverbal channel use in communication of emotion: How may depend on why. Emotion, 11(3), pp.603-617.
Dodge KA, Bates JE, Pettit GS: Mechanisms in the cycle of violence. Science 1990, 250:1678–1683.
Ekman, P. (1979). About brows: Emotional and conversational signals. In M. von Cranach, K. Foppa, W. Lepenies, & D. Ploog (Eds.), Human Ethology. Cambridge: Cambridge University Press, pp. 169-248.
Ekman, P. (2004) Emotional and conversational nonverbal signals. In: Larrazabal, M., Miranda, L. (Eds.), Language, knowledge, and representation, Kluwer Academic Publishers, Netherlands. pp. 39-50.
Ekman Paul, Friesen Wallace, Hager Joseph (2002) Facial action coding system: a technique for the measurement of facial movement. Consulting Psychologists Press, Palo Alto, CA
Ekman, P., & Friesen, W.V. (1982). Felt, false, and miserable smiles. Journal of Nonverbal Behavior, 6(4), 238-252.
Ekman, P., Hager, J.C., & Friesen, W.V. (1981). The symmetry of emotional and deliberate facial actions. Psychophysiology, 18(2), 101-106.
Ekman, P., Roper, G., & Hager, J. C. (1980). Deliberate facial movement. Child Development, 51, pp.886-891.
Frank, M. G., Ekman, P. (1993). Not all smiles are created equal: the differences between enjoyment and nonenjoyment smiles. Humor International Journal of Humor Research (Impact Factor: 0.86). 6(1):9-26.
Knutson, B. (1996). Facial expressions of emotion influence interpersonal trait inferences. Journal of Nonverbal Behavior, 20, 165-182.
Nasby W, Hayden B, DePaulo BM: Attributional bias among aggressive boys to interpret unambiguous social stimuli as

displays of hostility. J Abnorm Psychol 1980, 89:459–468.
Price JM, Glad K: Hostile attributional tendencies in maltreated children. J Abnorm Child Psychol 2003, 31:329–343.
Sato W, Uono S, Matsuura N, Toichi M (2009) Misrecognition of facial expressions in delinquents. Child and Adolescent Psychiatry and Mental Health 3:27.

Chapter 3

■日本語文献

ヴレイ, A. 太幡直也・佐藤拓・菊地史倫(監訳)(2016)『嘘と欺瞞の心理学 対人関係から犯罪捜査まで 虚偽検出に関する真実』福村出版
工藤力/ディビット・マツモト(著)(1996)『日本人の感情世界―ミステリアスな文化の謎を解く』誠信書房
デズモンド・モリス(著)多田道太郎/奥野卓司(訳)(1992)『ジェスチュアーしぐさの西洋文化』角川書店
P.A.ギヨンゴビ・A.ヴレイ・B.フェルシュクーレ(編著¦編著)、荒川 歩・石崎 千景・菅原 郁夫(監訳¦監訳)(2017)『虚偽検出 嘘を見抜く心理学の最前線』北大路書房
ポール・エクマン(著)管靖彦(訳)(2006)『顔は口ほどに嘘をつく』河出書房新社
村井潤一郎(編著)(2013)『嘘の心理学』ナカニシヤ出版
ローラ・フォード(著)東山安子(訳)(2003)『日米ボディートーク　身振り・表情・しぐさ辞典』三省堂

■英語文献

Ashkanasy, Hartel, and Zerbe, eds., Emotions in the Workplace; D.Zapf,"Emotion Work and Psychological Well-Being. A Review of the Literature and Some Conceptual Cosiderations," Human Resource Management Review 12 (2002): 237-68.
Barger, P. B./Grandey, A. A. (2006): Service with a smile and encounter satisfaction:
Emotional contagion and appraisal mechanisms. In: Academy of Management Journal, 49: 1229-1238.
Bless, Herbert, Gerd Bohner, Norbert Schwarz, and Fritz Strack. 1990. "Mood and Persuasion: A Cognitive Response Analysis." Personality and Social Psychology Bulletin 16 (2): 331-345.
Boucher, J. D., & Brandt, M. E. (1981). Judgment of emotion: American and Malay antecedents. Journal of Cross-Cultural Psychology, 12(3), pp.272-283.
Brabdr, M. E., & Boucher, J. D. (1985). Concepts of depression in emotion lexicons of eight cultures. International Journal of Intercultural Relations, 10, pp.321-346.
Casasanto, D. (2009). Embodiment of abstract concepts: Good and bad in right- and left-handers. Journal of Experimental Psychology: General, 138(3), 351–367.
Casasanto, D., & Jasmin, K. (2010). Good and bad in the hands of politicians: Spontaneous gestures during positive and negative speech. PLoS ONE, 5(7).
Gosselin, Pierre; Kirouac, Gilles; Doré, Francois Y. (1995) Components and recognition of facial expression in the communication of emotion by actors. Journal of Personality and Social Psychology, Vol 68(1), Jan 1995, 83-96.
Haggard, E. A., & Isaacs, K. S. (1966). Micro-momentary facial expressions as indicators of ego mechanisms in psychotherapy. In L. A. Gottschalk & A. H. Auerbach (Eds.), Methods of research in psychotherapy (pp. 154-165). New York: Appleton-Century-Crofts.
Hofstede, G. H. (2001). Culture''s consequences: Comparing values, behaviors, institutions and organizations across nations (2nd ed.). Thousand Oaks, CA: Sage.
Hwang, H. S., & Matsumoto, D. (2010). Training improves the ability to recognize subtle facial expressions of emotion. Paper presented at the Annual Convention of the Association for Psychological Science, Boston, MA.
Matsumoto, D. (1991). Cultural influences on facial expressions of emotion. Southern Communication Journal, 56, pp.128-137.
Matsumoto, D. (2001). Culture, context, and behavior. Journal of Personality, 75(6), pp.1285-1319.
Matsumoto, D., & Hwang, H. S. (2012). Cultural similarities and differences in emblematic gestures. Journal of Nonverbal Behavior.
Matsumoto, D., & Juang, L. (2007). Culture and psychology (4th ed.). Belmont, CA: Wadsworth.
Matsumoto, D., Yoo, S. H., Fontaine, J., Anguas-Wong, A. M., Arriola, M., Ataca, B., Bond, M. H., Boratav, H. B., Breugelmans, S. M., Cabecinhas, R., Chae, J., Chin, W. H., Comunian, A. L., DeGere, D. N., Djunaidi, A., Fok, H. K., Friedlmeier, W., Ghosh, A., Glamcevski, M., Granskaya, J. V., Groenvynck, H., Harb, C., Haron, F., Joshi, R., Kakai, H., Kashima, E., Khan, W., Kurman, J., Kwantes, C. T., Mahmud, S. H., Mandaric, M., Nizharadze, G., Odusanya, J. O. T., Ostrosky-Solis, F., Palaniappan, A. K., Papastylianou, D., Safdar, S., Setiono, K., Shigemasu, E., Singelis, T. M., Polackova Solcova, Iva, Spieß, E., Sterkowicz, S., Sunar, D., Szarota, P., Vishnivetz, B., Vohra, N., Ward, C., Wong, S., Wu, R., Zebian, S., Zengeya, A. (2008). Mapping expressive differences around the world: The relationship between emotional display rules and Individualism v. Collectivism. Journal of Cross-Cultural Psychology, 39, pp.55-74.
Keltner D, Moffitt TE, Stouthamer-Loeber M. (1995). Facial expressions of emotion and psychopathology in adolescent boys. Journal of Abnormal Psychology, 104, 644-652.

Lazarus, R. (1991). Emotion and adaptation. New York: Oxford University Press.
Mauro, R., Sato, K., & Tucker, J. (1992). The role of appraisal in human emotions: A cross-cultural study. Journal of Personality and Social Psychology, 62(2), pp.301-317.
P.K.Adelmann, “Emotional Labor as a Potential Source of Job Stress,” in Organizational Risk Factors for Job Stress, ed. S.L.Sauter and L.R. Murphy (Washington, DC: American Psychological Association, 1995), 371-81)
Roseman, I. J., Dhawan, N., Rettek, S. I., & Naidu, R. K. (1995). Cultural differences and cross-cultural similarities in appraisals and emotional responses. Journal of Cross-Cultural Psychology, 26(1), pp.23-48.
Scherer, K. R. (1997a). Profiles of emotion-antecedent appraisal: Testing theoretical predictions across cultures. Cognition & Emotion, 11(2), pp.113-150.
Scherer, K. R. (1997b). The role of culture in emotion-antecedent appraisal. Journal of Personality & Social Psychology, 73(4), pp.902-922.
Scherer, K. R., & Wallbott, H. (1994). Evidence for universality and cultural variation of differential emotion response- - --patterning. Journal of
Personality & Social Psychology, 66(2), pp.310- - --328.
S.M.Kruml and D. Geddes, “Catching Fire Without Burning Out: Is There an Ideal Way to Perform Emotion Labor?” in Emotions in the Workplace: Research, Theory, and Practice, ed. N.M.Ashkannasy, C.E.J.Hartel, and W.J.Zerbe. Westport, CT: Quorum Book, 2000.
Smith, Amy K. and Ruth N. Bolton, (2002) “The Effect of Consumers Emotional Responses to Service Failures on Their Recovery Effort Evaluations and Satisfaction Judgments.” Journal of the Academy of Marketing Science, Vol.30 (1), pp.5–23
T. Hening et al., “Are All Smiles Created Equal? How Emotional Contagion and Emotion Labor Affect Service Relationships,” Journal of Marketing 70 (2006): 58-73
Van Baaren, R. B., Holland, R.W., Steenaert, B. & van Knippenberg, (2003). Mimicry for money: behavioral consequences of imitation. Journal of Experimental Social Psychology, 39, 393 - 398.
Warren, G., Schertler, E., & Bull, P. (2009). Detecting deception from emotional and unemotional cues. Journal of Nonverbal Behavior, 33, 59-69.

Chapter 4

■日本語文献

アンジェラ・アッカーマン(著)、ベッカ・パグリッシ(著)、小山健 (イラスト)、飯間 浩明 (その他)、　滝本 杏奈 (翻訳) (2015)『感情類語辞典』フィルムアート社
大薗博記・森本裕子・中嶋智史・小宮あすか・渡部幹・吉川左紀子 (2010) 表情と言語的情報が他者の信頼性判断に及ぼす影響. 社会心理学研究, 26(1), 65-72.

■英語文献

Harker, L., & Keltner, D. (2001). Expressions of positive emotion in women's college
yearbook pictures and their relationship to personality and life outcomes across adulthood. Journal of Personality and Social Psychology, 80(1), 112–124.
Hertenstein, M. J., Hansel, C., Butts, S., & Hile, S. (2009). Smile intensity in photographs predicts divorce later in life. Motivation & Emotion, 33, 99–105.
McDuff, D., Kaliouby, R., Cohn, J. and Picard, R. Predicting Ad Liking and Purchase Intent: Large-scale Analysis of Facial Responses to Ads. Transactions on Affective Computing, IEEE, 2014.
McDuff, D., Kaliouby, R., Kodra, E. and Picard, R. Measuring Voter's Candidate Preference Based on Affective Responses to Election Debates. Proceedings of IEEE Conference on Affective Computing and Intelligent Interaction (ACII), 2013. Humaine Association Conference on. IEEE, 2013, pp. 369–374.

コラム

■日本語文献

荒川歩・鈴木直人　2004　謝罪文に付与された顔文字が受け手の感情に与える影響　対人社会心理学研究, 4, P.135-P.140.

■英語文献

Albuquerque N, Guo K, Wilkinson A, Savalli C, Otta E, Mills D. Dogs recognize dog and human emotions. Biol. Lett., 2016
van Baaren, R., Janssen, L., Chartrand, T., & Dijksterhuis, A. (2009). Where is the love? The social aspects of mimicry. Philosophical Transactions of the Royal Society B., 364, 2381-2389.
V. Haynal-Reymond, G.K. Jonsson and M.S. Magnusson, "Nonverbal Communication in Doctor-Suicidal Patient Interview", The Hidden Structure of Interaction, IOS Press, ch.9, 2005.

清水 建二(しみず けんじ)
株式会社 空気を読むを科学する研究所代表取締役。1982年、東京生まれ。早稲田大学政治経済学部卒業後、東京大学大学院でメディア論やコミュニケーション論を学ぶ。学際情報学修士。日本国内にいる数少ない認定FACS(Facial Action Coding System:顔面動作符号化システム)コーダーの一人。微表情読解に関する各種資格も保持している。20歳のときに巻き込まれた狂言誘拐事件をきっかけにウソや人の心の中に関心を持つ。現在、公官庁や企業で研修・コンサルティングを精力的に行っている。また、ニュースやバラエティー番組で政治家や芸能人の心理分析をしたり、刑事ドラマ(「科捜研の女　シーズン16」)の監修をしたりと、メディア出演の実績も多数。著書に『「顔」と「しぐさ」で相手を見抜く』(フォレスト出版)、『0.2秒のホンネ　微表情を見抜く技術』(飛鳥新社)がある。

顔(かお)は口(くち)ほどにモノを言(い)う!
ビジネスに効(き)く　表情(ひょうじょう)のつくり方(かた)

2017年12月19日　初版第1刷発行

著　者　清水建二(しみずけんじ)

装　丁　小口翔平+喜來詩織(tobufune)
イラスト　加納徳博
本文DTP　臼田彩穂
編　集　木下 衛
発行人　北畠夏影
発行所　株式会社イースト・プレス
〒101-0051　東京都千代田区神田神保町2-4-7久月神田ビル
TEL:03-5213-4700　FAX:03-5213-4701
http://www.eastpress.co.jp

印刷所　中央精版印刷株式会社

ISBN978-4-7816-1615-5